OKYGRAPHIE,

OU

L'ART DE FIXER, PAR ÉCRIT, TOUS LES SONS DE LA PAROLE,

Avec autant de facilité, de promptitude et de clarté que la bouche les exprime.

NOUVELLE MÉTHODE

ADAPTÉE

A la Langue française, et applicable à tous les idiômes; présentant des moyens, aussi vastes que sûrs, d'entretenir une Correspondance secrète, dont les Signes seront absolument indéchiffrables;

PAR H. BLANC,

Ancien Examinateur des Aspirans à l'Ecole Polytechnique; Professeur de Langues et de Littérature.

TROISIÈME ÉDITION,

Revue, corrigée et enrichie d'un Abrégé Okygraphique, mis à la portée de tout le monde, et d'une exécution très-facile.

Legitimumque sonum digitis callemus et aure.
HORAT.

A PARIS,

Chez
LOCARD et DAVI, rue de Seine-S^{t}.-Germ., N°. 54.
SAINTAIN, rue du Foin-Saint-Jacques, N°. 11.
MONGIE aîné, boulevard Poissonnière, N°. 18.

1819.

OKYGRAPHIE,

PAR

H. BLANC.

IMPRIMÈRIE DE SÉTIER,
Rue du Cimetière-Saint-André-des-Arts, N°. 7.

AVIS

SUR CETTE NOUVELLE ÉDITION.

LORSQUE je mis au jour, pour la première fois, la nouvelle méthode d'écrire aussi vîte que la parole, et de correspondre secrètement, à laquelle je donnai le nom d'*Okygraphie*, je ne pus être rassuré sur le succès de mon ouvrage que par le suffrage unanime des hommes instruits et désintéressés qui avaient assisté à mes cours, et qui me déterminèrent à le faire imprimer.

La bienveillance avec laquelle le public a bien voulu l'accueillir, la rapidité de la vente des deux premières éditions (1), dans des circons-

(1) Il y a plus de deux ans que cet ouvrage manque en librairie. Dans la vente qui a eu lieu l'année dernière, de la bibliothèque d'un des plus riches particuliers de la capitale, un exemplaire de l'Okygraphie a été acheté par un libraire, à un prix exorbitant.

tances où les ouvrages littéraires étaient peu recherchés, et où les spéculations de librairie éprouvaient les plus grands obstacles par différentes causes, et notamment par l'interruption des communications de la France avec les pays étrangers, tout m'a fait penser que les premiers juges de ma méthode ne m'avaient point trop flatté sur les avantages qu'elle paraissait leur présenter ; ces motifs m'ont décidé à en publier une troisième édition, à laquelle j'ai fait les améliorations que l'expérience et les conseils d'amis éclairés m'ont fait juger utiles, et que j'ai enrichie d'un abrégé qui sera d'un usage facile et commode pour les personnes qui n'auraient pas le temps de s'exercer suffisamment à la pratique de la méthode elle-même.

Je dois au public de justifier le suffrage dont il m'a honoré, et je ne puis mieux le faire qu'en mettant sous ses yeux les témoignages flatteurs que j'ai reçus de quelques Souverains, de plusieurs Savans, et le compte que les journaux rendirent de ma méthode, lorsqu'ils en firent l'annonce pour la première fois. C'est le seul moyen qui soit en mon pouvoir de m'acquitter envers les personnes dont l'approbation a été la plus douce récompense de mes travaux.

S. M. l'Empereur de toutes les Russies, en daignant me féliciter sur ma méthode, me fit remettre une bague enrichie de diamans. (*Voyez* le Moniteur du 21 ventôse an 10. (12 mars 1802.)

S. M. le Roi d'Etrurie m'écrivit le 22 avril suivant : « . , ...
» J'avais ouï parler fort avantageusement de
» cet ouvrage (l'Okygraphie) ; mais c'est pour
» moi un vrai plaisir d'apprendre les éloges
» que les Savans et les Sociétés littéraires
» vous en ont donnés : je vous prie d'en
» agréer mon approbation et mon compli-
» ment, etc. etc. »

L'Archiduc Prince Charles, dans une lettre du 10 mai, même année, s'exprimait ainsi :

» . . . . Cette invention m'a paru » atteindre son but, et mériter les suffrages » qu'elle a obtenus, etc. »

Le Jury d'instruction publique du département de la Seine, chargé par M. le Préfet d'examiner l'Okygraphie comparativement aux méthodes déjà existantes, *loue le nouveau moyen simple et ingénieux que j'ai trouvé, de représenter tous les sons de la langue*, et prononce que *l'Okygraphie est, parmi les méthodes connues, la plus propre à écrire aussi vite que la parole.* (Voyez le Journal de Paris, du 23 nivôse an 10. — 13 janvier 1802.)

M. le chevalier Rossi, secrétaire d'ambassade du Roi de Sardaigne auprès de S. M. l'Empereur d'Autriche, m'écrivait de Vienne le premier novembre 1802, qu'ayant reconnu l'insuffisance de la Sténographie et les avantages de l'Okygraphie, il allait faire l'application de ma méthode à la langue italienne.

Le Moniteur du 22 thermidor an 9 (10 août 1801), s'exprime ainsi : « Point de doutes, point d'équivoques dans la méthode de M. H. B., point de suppression de voyelles : tout est clair, précis : chaque mot a sa valeur que rien ne peut changer ; ce ne sont point des énigmes qu'il propose au Public, c'est un cours d'écriture rapide et intelligible, qui va donner au professeur, à l'avocat, au déclamateur la certitude de fixer leurs paroles fugitives dans la mémoire de leurs auditeurs et de leurs élèves ; et à ceux-ci la possibilité de tracer en caractères ineffaçables les leçons de leurs maîtres, sans être obligés de faire, de leur propre écriture, une seconde étude, plus pénible que celle de la science même qui les occupe.

» Les recherches auxquelles l'auteur a dû se livrer avant de concevoir et de perfectionner une découverte aussi importante ; les rapprochemens qu'il lui a fallu faire entre les consonnes similaires ; les distinctions ingénieuses qui lui ont suggéré l'idée d'un nouvel arrangement de ces consonnes, basé sur la force ou la douceur de la prononciation, supposent en lui une connaissance approfondie du mécanisme et de la formation des langues. . . . .

. . . . . . Cette culture des idiômes étrangers, la facilité qui en résulte de comparer et d'appliquer, d'après les comparaisons, ont fourni à l'auteur l'idée d'une mutitude d'abréviations partielles, qui, toutes, se rattachent à son idée primitive, c'est-à-dire, aux trois caractères principaux qui expriment chez lui toutes les consonnes, les voyelles et les diphtongues de la langue française : moyen vraiment précieux, et qui seul eût suffi pour faire de sa méthode, la plus complète et la plus ingénieuse qu'on pût imaginer en ce genre. . . . .

. . . .

. . . .

» La méthode okygraphique présente encore l'attrait d'une langue mystérieuse que tout le monde peut apprendre, et dont chacun pourtant peut faire un secret à soi. . . . .

. . . . Sous ce rapport, le nouveau procédé peut devenir d'une grande utilité dans la diplomatie et dans les correspondances particulières, etc. etc. »

Tous les autres journaux ont partagé l'opinion du rédacteur du Moniteur : on peut consulter à cet égard, le Mercure de France, du 16 fructidor an 9 (3 septemhre 1801) ; le Magasin Encylopédique du même mois, huitième numéro ; le Journal des Débats, des 19 fructidor an 9 (6 septembre 1801), et 22 ventôse an 10 (21 février 1802) ; le Journal de Paris, des troisième jour complémentaire an 9 (20 septembre 1801), 23 nivôse et 22 ventôse an 10 (13 Janvier et 13 mars 1802) ; les Petites-Affiches (article rédigé par Grimod de la Reynière), du 13 fructidor an 9 (31 août 1801) ; la Gazette de France, du 22 thermidor an 9 (10 août 1801), etc. etc. etc. etc.

Le *Morning-Chronicle*, contient l'article suivant :

« London-Tuesday-aug. 18-year 1801.
» The Secret Shoort-hand.

» M. B. offers to the world a mysterious language, which every person can learn, and yet which each learner can keep secret to all but himself. Of 400 scholars each taking the same oral lesson from the preceptor, each can retire and write *Okygraphically* to his father or his friend, and none of his fellow-students can decypher one syllabe of that which shall be perfectly under-stood by the person to whom it is adressed. »

Je ne puis terminer cette série de suffrages honorables d'une manière plus flatteuse, qu'en disant que feu M. Lansel, Chef de division au ministère de l'Intérieur, chargé par le Ministre, de l'examen de l'ouvrage, avait proposé, en 1801, de le faire imprimer aux frais du Gouvernement, de l'admettre au nombre des ouvrages destinés à l'instruction publique, et d'accorder à l'auteur un témoignage de satisfaction. Le changement de Ministre, qui eut lieu à cette époque, la mort du rapporteur, et l'état permanent de guerre où la France fut depuis, m'ont privé jusqu'à présent de ce prix, le plus flatteur de mon travail. Ce travail n'a pas été néanmoins sans fruit, puisqu'il a donné naissance à quelques ouvrages sur le même sujet, dans lesquels on retrouve plusieurs de mes principes fondamentaux, et qui n'auraient vraisemblablement jamais vu le jour sans l'Okygraphie. J'ai reclamé contre les plagiats en temps et lieu, et je crois devoir rapporter ici la lettre que je fis insérer, le 31 janvier, dans le Constitutionnel, maintenant Journal du Commerce :

Au Rédacteur du Constitutionnel.

Paris, le 29 janvier 1816.

« MONSIEUR,

« Inventeur de l'*Okygraphie*, ouvrage qui a paru, pour la première fois, il y a plus de douze ans; dont toutes les feuilles publiques firent alors le plus grand éloge, dont les différentes éditions, qui en ont été faites depuis, sont entièrement épuisées, et pour lequel l'empereur de Russie me fit remettre, en l'an 10, par son ambassadeur, un témoignage particulier de satisfaction, j'ai vu paraître successivement plusieurs traités sur l'art de suivre, en écrivant, la vélocité de la parole; et, dans tous, j'ai reconnu les idées mères, les principes nouveaux qui distinguaient ma méthode de la *Tachygraphie* et de la *Sténographie*, les deux seuls ouvrages du même genre qui eussent précédé le mien. Je dois ajouter que la plupart des auteurs, notamment celui de la *Sténographie exacte*, le plus méthodique de tous, ont eu la bonne foi d'avouer qu'ils devaient à l'*Okygraphie* plusieurs des moyens par lesquels ils ont établi leurs systêmes; aussi n'ai-je point reclamé contre l'espèce de plagiat commis à mon égard, plagiat qui, pour avoir été plus ou moins ingénieusement déguisé, n'en est pas moins réel, et contraire à mes intérêts. Mais je lis dans quelques journaux que l'auteur de la

Graphodromie a obtenu, par préférence sur tous ses rivaux, la faveur la plus signalée qu'un auteur puisse ambitionner, et alors je ne puis m'empêcher de dire, non pas *non invideo*, mais *miror magis*; et après m'être *tristement* rappelé le proverbe *gaudeant benè nati*, j'ajoute que je me crois encore obligé, dans l'intérêt de mon libraire, qui prépare une nouvelle édition de l'Okygraphie, et pour ne pas perdre le privilège de la priorité, de faire connaître ici, qu'en l'an 9, feu M. Lansel, alors Chef de division au ministère de l'Intérieur, chargé de rendre compte de l'Okygraphie, conclut, dans son rapport, à ce que cet ouvrage fût déclaré classique, imprimé aux frais du Gouvernement, enseigné dans les écoles publiques, et à ce qu'une récompense fût accordée à l'inventeur. Les événemens malheureux qui ont affligé la France, jusqu'à l'époque de la restauration, ont été cause que ces conclusions n'ont point eu leur effet. Dans la prochaine édition, je revendiquerai tout ce qui m'appartient des nouvelles méthodes, et je me prévaudrai, avec plus de détails, des témoignages favorables qui m'ont été donnés sur ma découverte ; je veux seulement aujourd'hui prendre acte de mes droits dans votre journal, afin de ne point encourir la prescription.

» J'ai l'honneur d'être, etc.

» L'auteur de l'OKYGRAPHIE. »

DISCOURS
PRÉLIMINAIRE.

Quelles que soient les opinions diverses des philosophes, sur l'origine des langues et sur celle de l'écriture, il est reconnu que les hommes ont parlé long-temps avant d'écrire. Tous les animaux, en effet, si l'on en excepte les poissons, sont doués de la faculté de former des sons, interprètes de leurs sentimens; et le langage des bêtes est assez intelligible pour ceux qui ont observé, avec quelque attention, leurs habitudes et leurs passions.

Tout le monde a pu remarquer que les chiens expriment leurs desirs, leur crainte, leur douleur ou leur joie par des nuances différentes dans leur aboiement; et ceux qui ont élevé des oiseaux, diront que lorsqu'ils négligeaient de leur donner à manger, ils étaient avertis de cet oubli par un certain *piaulement*, signal évident de la détresse de ces petits animaux (1).

(1) Les anciens, plus que nous, avaient étudié le langage des animaux et les caractères particuliers à la

Les hommes même isolés, et dans cet état que l'on est convenu de nommer *état de na-*

---

voix de chacun d'eux. Je ne puis me refuser au plaisir de transcrire ici, sur ce sujet, un fragment peu connu de poésie imitative, qu'on attribue à Ovide, et que la pauvreté de la langue française permettrait difficilement de traduire d'une manière satisfaisante. Ces vers paraîtront peut-être un peu étrangers à l'objet de cet Ouvrage, mais ce sera un hors-d'œuvre que les amateurs me sauront gré d'avoir rappelé à leur souvenir.

Ovide s'adresse ainsi au Rossignol, ce chantre mélodieux du printemps et des bosquets :

Dulcis amica veni noctis solatia præstans,
 Inter aves enim nulla tibi similis :
Tu Philomela potes vocum discrimina mille,
 Mille potes varios ipsa referre modos.
Nam quamvis aliæ volucres modulamina tentent,
 Nulla potest modis æquivalere tuis;
Insuper est avium spatiis garrire diurnis,
 Tu cantare simul nocte dieque potes:
Parus enim quamvis per noctem tinnitet omnem,
 At sua vox nulli jure placere potest.
Dulce Palara sonat, quam dicunt nomine Drostam,
 Sed fugiente die nempè quieta silet ;
Merulus et modulans tam pulchris concinnit odis,
 Nocte ruente tamen carmina nulla canit.
Vere calente novos componit Acredula cantus
 Matutinali tempore tunc mutilans.
Dum Turnus tritilat, Sturnus tunc pusitat ore,
 Sed quod mane canunt, vespere non recolunt :

ture, ont donc proféré des sons. Réunis en société, ils ont dû multiplier et nuancer davantage

---

Cacabat hinc Perdix, hinc gracitat improbus Anser,
Et castus Turtur, atque Columba gemunt.
Plausitat arborea clamans de fronde Palumbes,
In fluviisque natans sorte tetrinnit Anas.
Grus gruit, inque glomis Cygni propè flumina drensant,
Accipiter pipat, Milvus hiansque lipit:
Cucurrire solet Gallus, Gallina gracillat,
Pupillat Pavo, trissat Hirundo vaga,
Dum clangunt Aquilæ, Vultur pulpare probatur,
Et crocitat Corvus, Graculus at frigulat:
Gloctorat immenso de turre Ciconia rostro,
Pessimus at Passer tristia flendo pipit;
Psittacus humanas depromit voce loquelas,
Atque suo domino salve valeque sonat.
Pica loquax varias modulatur gutture voces,
Scurriliter strepitu quidquid et audit, ait.
Et Cuculi cuculant, fritinnit rauca Cicada,
Bombilat ore legens munera mellis apis,
Bubulat horrendum ferali carmine Bubo
Humano generi tristia fata ferens.
Strix nocturna ferens, et Vespertilio stridunt,
Noctua lucifuga cucubat in tenebris.
Ast ululant Ululæ, lugubri voce canentes,
Inque paludiferis Butio bubit aquis.
Regulus atque Merops, et rubro pectore Procne
Consimili modulo zinzibulare sciunt.
Scribere me voces avium Philomela coegit,
Quæ cantu cunctas exuperat volucres.
Sed jam quadrupedum fari discrimina vocum
Nemine cogente nunc ego sponte sequar.

ces sons, mais sans aucune liaison, sans aucune combinaison grammaticale. La langue des premiers hommes a dû être toute en interjections. Langue universelle et vraiment sacrée! c'est en vain que les hommes ont voulu la corrompre

---

Tigrides indomitæ rancant, rugiuntque Leones,
  Panther caurit amans, Pardus hiando felit:
Dum Lynces orcando fremunt, Ursus ferus uncat,
  Ast Lupus ipse ululat, frendet agrestis Aper:
Et Barrus barrit, Cervi glocitant, et Onagri,
  Ast Taurus mugit, et celer hinnit Equus.
Quirritat Verres, Tardus rudit, oncat Asellus;
  Blacterat hinc Aries, et pia balat Ovis.
Sordida Sus pascens ruris per gramina grunnit,
  At mutire Capris hirce petulce soles.
Rite Canis latrat, fallax Vulpecula gannit,
  Glaucitat et Catulus, at Lepores vagiunt.
Mus avidus mintrat, Velox Mustellaque dentrit,
  Et Grillus grillat, desticat indè Sorex.
Ecce venenosus serpendo sibilat Anguis,
  Garrula limosis Rana coaxat aquis.
Has volucrum voces descripsi, quadrupedumque
  Quas natura illis grata parens tribuit.
Sed cunctas species animantûm nemo notavit
  Atque sonos, ideò dicere quis potuit?
Cuncta suo domino depromunt munera laudum
  Seu semper sileant, sive sonare queant.

Les deux vers qui terminent ce poëme ne font pas moins d'honneur, comme on voit, au cœur du poète, que l'ensemble n'en fait à son esprit et à son talent.

et en perdre le souvenir, en l'égarant dans un dédale de conventions factices et de dialectes particuliers; cette langue, pour le bonheur de l'humanité, reprend son accent et se fait comprendre encore à tous les cœurs, dans ces momens suprêmes où deux hommes, quel que soit le pays qui les ait vus naître, ne peuvent plus être étrangers l'un à l'autre. C'est ainsi qu'un Français entend l'habitant des rives du Volga qu'un fer assassin vient de frapper, et vole à son secours.

Toutefois, cette corruption de la langue de la nature a dû être très-lente. Les hommes voyant s'étendre leurs rapports et leurs besoins, ont cherché à étendre aussi les signes audibles propres à les exprimer. Mais ces accens de convention n'étaient, pour ainsi dire, que des dérivés des accens primitifs et naturels. Qu'on songe d'ailleurs combien devaient être étroit et borné le cercle des idées et des relations de ces hommes placés près du berceau du monde. Ce ne fut que lorsque des courses lointaines, la contemplation du spectacle de la nature, des entreprises à méditer et à conduire, la connaissance plus approfondie de son semblable eurent agrandi les facultés intellectuelles de l'homme, qu'il sentit la nécessité de donner un nom aux personnes et aux choses, d'exprimer leurs qualités bonnes ou mauvaises, d'indiquer enfin leur existence et leur situation par rapport aux trois grandes divisions du temps, le passé, le présent et le futur.

Mais si l'homme dut s'applaudir d'avoir ainsi perfectionné cette faculté d'exprimer, par des sons, ses pensées et de les transmettre avec une rapidité que l'habitude seule peut nous empêcher d'admirer, il ne vit pas aussi, sans quelque regret, ces pensées mourir pour ainsi dire et s'éteindre avec les sons qui leur servaient d'images, ou ne vivre que peu de temps dans la mémoire de ceux qui l'avaient écouté. D'ailleurs, il ne pouvait se faire entendre que de ceux qui l'environnaient; et des ordres importans à donner à de grandes distances, ne pouvaient être transmis que par des intermédiaires qu'il fallait bien mettre dans le secret, et dont on avait à craindre tout-à-la-fois et des indiscrétions et des infidélités de mémoire.

On s'occupa donc des moyens de transmettre ses idées par des caractères ou des images sensibles aux yeux, de les graver sur des corps qui pussent en conserver long-temps l'empreinte; et l'écriture fut inventée.

Il s'en faut bien cependant que cet art fût, dans son origine, ce qu'il est aujourd'hui. L'écriture, à sa naissance, n'était vraisemblablement qu'une peinture grossière de l'objet que l'on cherchait à faire entendre. Ainsi, voulait-on parler d'un cheval, on en crayonnait les contours; on a su peindre avant de savoir écrire.

Cet ordre dans les progrès de l'esprit humain est si naturel que les Mexicains, au moment de la découverte du nouveau monde, ne se servaient encore que du secours de la peinture, pour conserver la mémoire des grands événemens dont ils avaient été les témoins, ou des lois qui réglaient leur société.

Mais, si ce genre d'écrire avait l'avantage inappréciable de pouvoir être lu par tout les peuples, quel que fût d'ailleurs leur idiôme particulier, il renfermait aussi l'inconvénient extrême de ne pouvoir représenter que peu d'idées, et de se borner aux substantifs physiques. Le monde intellectuel n'était point de son domaine. Il fallait d'ailleurs des volumes pour écrire quelques mots.

Par l'effet de cette perfectibilité, attribut essentiel de l'homme, au lieu de continuer à peindre l'objet tout entier, on ne représenta plus que l'une de ses circonstances principales; on en vient enfin à n'indiquer que quelques-uns de ses contours; et c'est de-là que sont nés les caractères hiéroglyphiques.

Il y avait encore loin de cette écriture, toujours représentative des objets, à celle qui ne devait peindre que des sons.

Il est à présumer, qu'après une longue suite de siècles, un génie supérieur observa que, quelque nombreux que fussent les mots de la langue qu'il parlait, cependant les sons différens que ces mots donnaient, pouvaient être aisément calculés, et que même ils n'étaient pas très-multipliés.

Il s'occupa ensuite à diviser ces sons suivant leur différence, à les classer par rapport à leur désinence commune, et à donner à chaque classe un signe ou caractère particulier. Telle est l'origine de l'alphabet.

Mais on doit observer, qu'alors chaque lettre ou caractère exprimait à lui seul un son entier; qu'il y avait autant de lettres que de sons différens dans la langue; qu'ainsi, l'art de l'écriture, à cette époque, était extrêmement facile; que toute l'orthographe consistait à consulter l'oreille, pour appliquer au son articulé le caractère qui lui était analogue; que, dès-lors, on devait écrire aussi vîte que l'on parlait, et que les premiers qui jouirent du bienfait de l'écriture furent réellement les premiers Okygraphes.

Mais tous ces avantages se perdirent lorsqu'on eut voulu appliquer ces mêmes caractères à une langue autre que celle pour laquelle ils avaient été inventés. En effet, cette langue étrangère présentant des sons différens ou plus multipliés que ceux de la langue primitive, il aurait fallu, pour conserver tout le bienfait de la découverte, n'en prendre que l'idée, et inventer de nouveaux caractères pour de nouveaux sons. C'est ce qu'on ne fit pas ; on copia servilement quand il n'eût fallu qu'imiter avec génie.

En se renfermant ainsi dans le cercle des caractères ou signes déjà connus, on fut obligé de les combiner diversement entr'eux, pour chercher à rendre tous les sons qu'on avait besoin d'exprimer, et qui ne se trouvaient point dans la langue où ces caractères avaient été puisés. On convint que tel nombre et tel arrangement de lettres représenteraient tel son ; et comme tout était arbitraire dans de pareilles conventions, les mêmes lettres, arrangées de la même manière, servirent à exprimer des sons différens chez différens peuples.

Ce fut bien pis encore, lorsque la science de la grammaire, ayant été inventée, on voulut distinguer les genres et les nombres. Toutes ces distinctions, sensibles à l'oreille sans un plus grand effort dans la langue parlée, ne purent frapper les yeux dans la langue écrite, que par le soin que l'on eut de surcharger les mots de caractères inutiles à la prononciation.

Alors l'écriture, gênée par toutes ces entraves, se traîna péniblement: elle devint un art, et l'orthographe une science. Il fallut désormais renoncer à l'espoir d'écrire aussi vîte que l'on parlait; la pensée, aux ailes de feu, fut arrêtée dans son vol, qu'elle dut modeler sur la marche pesante et didactique de celle qu'elle chargeait de noter et de fixer ses conceptions hardies.

Tant d'inconvéniens ont fait ouvrir les yeux. On a desiré ramener l'écriture à son institution, à sa simplicité et à sa vivacité primitives: car, semblable à l'homme, l'activité a été l'apanage de la jeunesse; ce n'est qu'avec le temps qu'elle s'est appesantie.

Ce desir a fait naître plusieurs méthodes abréviatives; mais toutes celles que l'on a imaginées jusqu'à présent, offrent de grands défauts, comme je le prouverai tout-à-l'heure, et les embarras qu'elles entraînent compensent bien ceux dont elles ont voulu nous délivrer.

C'est en rendant justice au zèle et aux intentions louables de ces premiers inventeurs, que j'ai cherché et que j'espère avoir trouvé des moyens plus sûrs, plus faciles et plus expéditifs pour arriver au même but.

L'OKYGRAPHIE est l'exposé et le développement de ces moyens.

Déjà, dans les leçons particulières que j'avais données de ma nouvelle méthode à des personnes d'âge, de sexe et d'entendement différens, j'avais eu la douce satisfaction d'éprouver que toutes en saisissaient avec facilité le mécanisme et l'application, et je jouissais de leur surprise; car il en était peu qui, malgré l'annonce positive que j'en avais fait faire dans les journaux, eussent cru qu'une seule leçon suffisait à l'entière connaissance de mes principes abréviateurs. Encouragé par l'approbation d'hommes instruits, qui n'avaient d'autre motif que l'intérêt qu'inspire l'amour des arts, j'ai fait à ma première découverte quelques additions, quelques changemens qui, pour être simples et peu nombreux, n'en sont pas moins importans dans leur résultat.

Annoncer un procédé nouveau, avec lequel la

main peut suivre, sur le papier, la vélocité de la parole, c'est déjà fixer l'attention.

Et quel moment plus favorable, pour publier cette découverte, que celui où l'éducation publique renaît plus brillante et plus soignée que jamais, où les jeunes gens, instruits par l'expérience que la science seule offre des ressources véritables dans toutes les circonstances de la vie, et assurés de pouvoir suivre la carrière qu'ils auront choisie, se livrent, avec une ardeur généreuse, au travail et à l'étude, et se pressent pour se faire recevoir dans les cours et aux écoles publiques! C'est-là qu'ils verront l'avantage inappréciable qu'assurera l'Okygraphie à ceux d'entr'eux qui l'auront apprise et cultivée. Ils pourront en effet, ces élèves vraiment privilégiés, fixer sur le papier tout ce que le professeur aura dit, expliqué, commenté : ils écriront ces traits rapides, ces réflexions subites qui échappent au démonstrateur dans la vivacité de l'action, et dont lui-même perd bientôt le souvenir. Rentrés chez eux, dans le silence du cabinet, ils méditeront sans embarras, sans difficultés, sur des leçons dont ils auront pu retenir quelques traits principaux, mais dont les détails, souvent si intéressans, seront perdus pour eux. Les anciens avaient appelé la mémoire, la mère des sciences; ce titre sans doute convient aussi à un art qui, en suppléant la mémoire, rend ses effets plus durables et plus sûrs.

Qu'en sortant des écoles publiques, on se transporte au théâtre, le jour de la première représentation d'une pièce; quelle jouissance pour un Okygraphe, de pouvoir noter à l'instant ces pensées sublimes, ces vers harmonieux, ces tirades ravissantes qui électrisent le spectateur, lui arrachent des cris d'admiration ou des pleurs délicieux, mais qui ne lui laissent ensuite qu'une idée confuse et le regret de ne pouvoir prolonger ces douces émotions par le souvenir distinct des paroles magiques qui les avaient excitées! c'est ce regret trop prévu, et non avoué, qui oblige le public à redemander les traits qui l'ont frappé le plus; mais pour l'Okygraphe, il n'a pas besoin de ces répétitions; il pourrait les faire au défaut de l'acteur.

Et si ce même Okygraphe est chargé de rendre compte de la pièce nouvelle, quel avantage n'a-t-il pas sur tous les autres journalistes? Outre les traits saillans qu'il peut rapporter dans leur entier, il lui est facile de retenir et d'indiquer les noms de tous les personnages, de les suivre dans toutes les situations où l'auteur les a placés, et de faire connaître tous les détails d'après lesquels, seulement, il est possible de juger un ouvrage dramatique.

La tribune et le barreau n'offrent pas un champ moins brillant à l'homme exercé à l'Okygraphie.

Tous ces discours improvisés, tous ces prodiges d'une éloquence animée par la circonstance, par le lieu, par la contradiction même, viennent se réfléchir sur son papier, comme dans une glace fidèle, mais qui saurait conserver les traits de l'objet présenté, après même qu'il aurait disparu. C'est par son secours que la France entière peut assister, pour ainsi dire, aux discussions qui ont lieu dans le sein de la chambre des députés, puisque c'est par l'Okygraphie que tous les Français peuvent lire les opinions précisément telles qu'elles ont été présentées, et connaître ainsi les véritables motifs des lois qui les gouvernent.

Au Barreau, le défenseur okygraphe consigne par écrit les objections et les aveux de son adversaire, au moment même de leur émission; et lorsqu'il répond aux unes, ou tire parti des autres pour l'avantage du client qui lui a confié sa cause, il ne craint pas qu'on l'accuse de les dénaturer, puisque ce n'est pas seulement le sens des expressions, mais les expressions mêmes de son antagoniste qu'il cite.

Dans les tribunaux criminels, il serait à désirer que le président possédât l'art d'écrire aussi vîte que l'on parle, ou du moins qu'il eût un secrétaire qui fût Okygraphe. On sent en effet avec quelle facilité et en même temps avec quelle exactitude il pourrait rendre compte, dans le résumé de ces affaires solemnelles où la fortune, l'honneur et la vie dépendent de la déclaration des jurés, de toutes les dénégations, de tous les aveux, de toutes les circonstances que les débats dévoilent, et qui atténuent ou aggravent les faits sur lesquels repose l'accusation.

Plus on réfléchit sur les avantages de la découverte qu'on annonce, plus on les voit se multiplier.

L'auteur qui travaille s'est plaint souvent de la fatigue que lui occasionnait l'écriture ordinaire et du refroidissement qu'elle apportait au feu de la composition ; l'Okygraphie le délivre des entraves de l'écriture.

Entrez dans une bibliothèque , vous êtes effrayé de la quantité de livres qu'elle renferme. La vie la plus longue, les yeux les plus infatigables ne pourraient suffire à parcourir la portion choisie de ces livres, qu'il serait néanmoins si nécessaire de connaître. L'écriture et l'imprimerie qui l'imite rendent nécessairement la lecture lente et pénible, puisqu'il faut que l'œil parcoure cette longue série de lettres adoptée pour former les mots. Mais appliquez à l'imprimerie l'art de l'Okygraphie, et alors peu de caractères suffiront pour rendre des phrases entières que le lecteur pourra embrasser d'un seul coup d'œil, et qui porteraient à son esprit la pensée de l'auteur presque sans intermédiaire (1).

Si l'Okygraphie l'emporte sur l'écriture vulgaire par la rapidité, elle lui est encore infini-

---

(1) Ce n'est pas, au reste, qu'un livre imprimé okygraphiquement, ne présentât un volume presque aussi considérable que s'il eût été imprimé avec des caractères, parce que le procédé de l'Okygraphie exige, comme on le verra bientôt, une assez grande surface dans son exécution ; mais l'avantage inappréciable de ce procédé, c'est d'exprimer beaucoup avec peu de signes. On pourrait l'appeler le laconisme de l'écriture.

ment supérieure par la facilité dans l'exécution. La première, en effet, ne se sert que de caractères extrêmement simples, peu nombreux, et que la main forme presque naturellement, tandis que l'autre emploie des signes d'une forme bizarre et disparate, qui ne se gravent dans la mémoire et ne viennent au bout des doigts d'un enfant, qu'après plusieurs années d'exercice et d'application. Ajoutez que l'écriture ordinaire admet un très-grand nombre de lettres parasites, absolument inutiles à la prononciation, et dont il est impossible qu'un jeune élève sente la nécessité. L'écriture okygraphique, au contraire, proportionne le nombre de ses caractères à celui des sons ou émissions de voix, et parle plus à l'oreille encore qu'aux yeux : aussi proposera-t-on aux pères et aux instituteurs de faire écrire tous les jours deux lignes d'Okygraphie aux enfans et aux élèves à qui l'on fait tracer péniblement deux pages d'écriture batarde, coulée, ronde, etc.; ils acquerraient ainsi, dans cet art nécessaire, une facilité et une promptitude d'exécution dont ils éprouveraient les heureux effets pendant tout le cours de leur vie.

Comme les enfans articulent des sons, prononcent des mots et souvent des phrases long-temps avant qu'on leur parle de la grammaire et de toutes ses règles, il serait de même à souhaiter qu'on les fit okygraphier avant de leur apprendre à écrire. Cette marche serait plus dans la nature : le langage vulgaire, en effet, est à la métaphysique de la langue, précisément ce qu'est l'Okygraphie à l'écriture ordinaire : le langage et l'Okygraphie ne demandent que de l'habitude et de l'exercice. La logique de la langue et l'écriture veulent du raisonnement et une tête disposée à saisir toutes les combinaisons qu'elles présentent; ces sciences abstraites ne conviennent point à des enfans; ils sont comme les premiers inventeurs des arts; il faut qu'ils fassent longtemps, avant qu'ils puissent raisonner sur ce qu'ils auront fait.

De cette facilité qui distingue l'Okygraphie dans son étude comme dans son exercice, résulte un autre avantage inappréciable pour la société.

On sait que ce n'est que par de longs efforts, et toujours imparfaitement, que les personnes arrivées jusqu'à un certain âge, sans avoir appris à lire et à écrire, parviennent à réparer ce tort irréparable de leur jeunesse. Ceux même qui ont appris à lire et à écrire, mais dont l'éducation ne s'est pas étendue plus loin, ne lisent pas toutes les écritures et n'écrivent que d'une manière presqu'indéchiffrable, parce que, cherchant à rendre tous les sons avec des lettres qui n'ont souvent que des valeurs relatives et de convention, elles rendent méconnaissable l'instrument dont elles veulent se servir, sans en connaître l'usage.

Rendez toutes ces personnes Okygraphes, et ces inconvéniens vont cesser. Ceux qui ont atteint leur cinquantième année sans savoir écrire et sans pouvoir donner à cette étude un temps que les besoins de leur existence réclament tout entier, ceux-là apprendront très-facilement et très-promptement à okygraphier : car il ne faut qu'un peu de mémoire pour retenir que tel signe veut rendre tel son, surtout quand ces signes sont très-peu multipliés, et les plus simples que la main puisse tracer, Il en sera de même des personnes dont l'écriture ordinaire est lente, pénible et incorrecte. D'un autre côté, les caractères que les uns et les autres auront tracés seront facilement lus par tout le monde et par ceux même qui, n'ayant jamais eu de principes de lecture, auront seulement appris, en très-peu de temps, la valeur des signes okygraphiques ; car, il faut le répéter ici, il est impossible à l'Okygraphe de mal orthographier avec les caractères qu'il emploie, et dont la valeur absolue est déterminée d'une manière invariable.

Voilà donc une classe très-nombreuse d'hommes rattachée, d'une manière plus intime, à la société, par la faculté qui leur est donnée de se communiquer leurs pensées à de grandes distances.

Si de la considération des avantages qui résultent de l'Okygraphie en faveur des membres de la société pris isolément, on s'élève à l'examen de l'utilité dont cette découverte peut être à la société elle-même, on trouvera qu'elle offre un grand secours dans la correspondance administrative et politique.

L'expérience apprend en effet qu'il est souvent de la plus haute importance que les faits et les événemens qui se passent à la circonférence d'un grand Etat, soient promptement connus du gouvernement qui en occupe le centre. Mais ce n'est point assez d'une grande rapidité, dans le transport des dépêches, si elle n'est également extrême, cette rapidité, dans leur expédition; et c'est-là que l'on a toujours vivement senti les inconvéniens de l'écriture ordinaire. Veut-on tout écrire?

on perd un temps précieux. Veut-on abréger les détails? on ne dit pas tout ce qu'il faudrait dire, et l'autorité n'est pas suffisamment instruite.

L'Okygraphie seule permet de ne rien omettre, en ménageant le temps, et c'est-là le plus bel éloge que l'on puisse en faire. Il n'est pas de véritable administrateur que cette observation ne frappe et auquel elle ne doive inspirer le desir de voir la méthode que j'annonce, appliquée à la correspondance publique.

Elle peut l'être avec plus de succès encore à la correspondance diplomatique; et ici ce n'est plus seulement la rapidité de l'écriture okygraphique qui fait son mérite, c'est encore son inextricabilité et le secret impénétrable dont elle peut s'envelopper; j'expliquerai par la suite les moyens faciles et immenses qu'elle présente pour correspondre d'une manière secrète; ce que je dois dire ici, c'est que cette écriture peut se modifier de plus de mille manières et par le procédé le plus simple, à la volonté de celui qui en fait usage; que deux cents personnes, qui auraient reçu la même leçon en même temps, peuvent écrire tout de suite, sans que l'une lise l'écriture de l'autre, sans que l'inventeur de l'Okygraphie lui-même en déchiffre une syllabe, si on ne lui en donne pas la clef; qu'enfin on peut comparer ce moyen aux ternes de la loterie, sur lesquels deux personnes sur mille se rencontreraient difficilement, si chacune d'elles devait en prendre un à volonté dans les quatre-vingt-dix numéros.

Cette correspondance secrète dont la clef peut se varier à l'infini, comme l'on verra à la fin de ce traité, est l'un des plus grands avantages de l'Okygraphie, non seulement pour les agens du gouvernement, mais encore pour les particuliers. Que de brouilleries, que de haines intestines, que de malheurs sont nés de la lecture d'une lettre interceptée! combien de fois cette triste réflexion n'a-t-elle pas arrêté un cœur prêt à s'épancher, et ne lui a-t-elle pas fait substituer, aux expressions du plus tendre sentiment et du plus aimable abandon, ces locutions froides et insignifiantes, qui du moins ne pouvaient compromettre ni la personne à laquelle elles étaient adressées, ni celle qui les lui adressait! Quel est l'homme qui, au moins une fois dans sa vie, n'a pas eu besoin d'écrire une lettre que, pour tout au monde, il aurait voulu rendre indéchiffrable à tous les yeux, excepté à ceux de la personne à laquelle il la destinait? L'Okygraphie offre ce moyen ; le billet qu'elle a tracé peut impunément tomber entre toutes les mains, il ne présente à l'œil le plus avide et le plus pénétrant que des caractères dont il ne peut deviner la valeur, et qui n'en auront que pour la personne à laquelle ils sont adressés. La politique, l'amitié, et surtout l'amour sont donc tributaires de l'Okygraphie (1).

---

(1) En voyant que l'Okygraphie peut être si utilement employée dans la correspondance diplomatique, on s'étonnera peut-être que je n'aie pas fait hommage de ma méthode au gouvernement.

Je dois prévenir ce reproche en déclarant ici, qu'avant de rien publier sur ma découverte, j'avais cru devoir en faire part au Ministre des relations extérieures ; que celui-ci m'ayant renvoyé devant M. Campi, l'un des commis chargés de la correspondance secrète, j'expliquai mon procédé à cet employé, qui me répondit, après l'avoir examiné, qu'en effet il lui paraissait excellent, mais qu'il serait extrêmement difficile de faire adopter de nouvelles méthodes aux agens diplomatiques, accoutumés depuis long-temps à l'écriture chiffrée. Je n'insistai pas ; j'avais payé ma dette à ma patrie : seulement je gémis intérieurement de voir la crainte de contrarier d'antiques habitudes et une vieille routine, faire rejeter un procédé nouveau, infiniment supérieur à une écriture en chiffres, qui n'abrége rien, et qui cesse depuis

« Mais, dira-t-on peut-être, tous ces avan-
» tages, que l'on fait résulter de l'Okygraphie et
» qu'on ne conteste pas, ne peut-on les obtenir
» également de deux méthodes déjà connues en
» France de suivre la rapidité de la parole ?
» Pourquoi donc venir présenter un troisième
» procédé dont le but est le même et dont les
» moyens ne sont peut-être ni plus simples, ni
» plus sûrs, ni plus faciles? »

Sans doute deux méthodes pour abréger l'écriture et la rendre plus rapide ont déjà paru ; l'une, sous le nom de Tachygraphie, a été imaginée par M. Coulon-Thévenot, en 1790 ; la seconde, sous celui de Sténographie, a pour inventeur l'Anglais Taylor. M. Bertin en a depuis fait l'application à l'écriture de la langue fran-

---

long-temps d'être un mystère aux yeux de bien du monde. Il est certain que si toutes les découvertes utiles rencontraient toujours de pareils obstacles, les progrès des arts seraient bientôt nuls. Depuis, mon ouvrage ayant été examiné par ordre du Ministre de l'intérieur, les savans, chargés de cet examen, en ont fait un rapport très-avantageux, et l'ont jugé digne d'être imprimé aux frais du Gouvernement et de faire partie de l'éducation publique.

çaise, dans un ouvrage qui parut en 1792 (1); mais, c'est parce que je connais ces deux méthodes, que je les ai étudiées et que j'en ai senti les inconvéniens, que j'ai cherché et que je crois avoir découvert un procédé nouveau qui, présentant tous les avantages des méthodes déjà connues, est exempt toutefois des reproches qu'on peut leur faire. Le seul motif de mes méditations a donc été le progrès de l'art et la plus grande utilité. J'aime d'ailleurs à rendre justice aux intentions louables et aux talens de MM. Coulon-Thevenot et Bertin. Nous nous sommes tous proposé le même but : quelques détails mettront le public à portée de juger qui des trois a pris la route la plus courte et la plus facile.

L'Okygraphie, la Tachygraphie et la Sténographie, suivant leur étymologie, diffèrent peu. La syllabe *graphie*, qui entre dans la composition de chacun des trois mots, nous vient du grec et signifie *écriture*, *description*. Les syllabes *Oky* et *Tachy*, qui sont pareillement originaires d'Athènes, signifient prompt, rapide, etc., et *Sténo* veut dire *pressé*.

(1) On pourrait encore citer la Tachygraphie de La Valade, imprimée à Paris en 1777, et le parfait Alphabeth du curé de Saint-Laurent, publié en 1787.

La Tachygraphie est, des trois procédés, celui qui offre le moins de réductions, et qui, par l'extrême multiplicité de ses signes, exige une plus longue étude. Elle peut d'ailleurs donner lieu à de grandes méprises, en ce que le même caractère, un peu plus ou moins alongé, représente tantôt une lettre, tantôt une autre, et que si le Tachygraphe, par exemple, n'a pas eu l'attention, bien difficile quand on écrit rapidement, de ne donner au signe qui correspond à l'*e* muet, que la grandeur précise qu'il doit avoir, il court risque de faire lire à la place soit un *é* fermé, soit un *k*, un *c* ou un *q*.

La Sténographie est plus rapide que la Tachygraphie, mais des années d'exercice sont nécessaires pour y acquérir quelque facilité, et quand on saura que le principal moyen de réduction qu'elle emploie est de supprimer toutes les voyelles médiantes ou qui entrent dans l'intérieur d'un mot, et de n'exprimer celles qui commencent un mot, que par un signe commun aux cinq voyelles et aux diphtongues (·), on sera tenté d'appliquer à la Sténographie ce vers de Boileau :

J'évite d'être long, et je deviens obscur.

Si l'on veut savoir, par exemple, comment

un Sténographe écrit le mot *avare*, on le verra d'abord mettre un point (·) pour indiquer la voyelle initiale, ce qui peut représenter l'une des cinq voyelles *a*, *e*, *i*, *o*, *u*, ou l'une des diphtongues *ai*, *eu*, *oi*, *ou*, *eau*, etc. Il tracera ensuite deux caractères qui signifient *v* et *r*, et le mot sera écrit au moyen de la suppression des voyelles médiantes, mais aussi vous pourrez lire indifféremment, *avare*, *avoir*, *œuvre*, *ouvre*, *ouvrir*, *ivre*, *ovaire*, *ivoire*, etc. ; ce sera à vous à choisir.

Une manière de procéder aussi bizarre m'a souvent fait penser que la Sténographie n'avait été inventée que pour certaines personnes vives et décidées, dont parle Labruyère, dans son chapitre des *Ouvrages de l'esprit*.

« Si ces esprits étaient crus, dit cet auteur,
» ce serait encore trop que les termes pour ex-
» primer les sentimens; il faudrait leur parler
» par signes..... Il faut leur laisser tout à sup-
» pléer, et n'écrire que pour eux seuls : ils con-
» çoivent une période par le mot qui la com-
» mence, et par une période, tout un cha-
» pitre..... Un tissu d'énigmes leur serait une
» lecture divertissante. »

De tels esprits pourraient seuls trouver quelqu'attrait à la Sténographie, car tout y est à deviner, et c'est un système complet de logogryphes. Elle trace avec les mêmes caractères tous les mots dans lesquels entrent les mêmes consonnes. Ainsi, *fille* et *folle* s'écrivent exactement de même; *Colète*, *culotte*, *culte* et *calote* sont synonymes; il faut en dire autant des mots *monstre* et *ministre*; *poire*, *père*, *pore*, *pire*, *puer*, *peur*, *pour*, *par*, *pierre*, *paire*, etc.; *cosse*, *caisse*, *casse*, *cuisse*, etc.; *cor*, *cœur*, *car*, *cour*, *cuir*, *Caire*, etc.; *lièvre*, *livre*, *Louvre*, *laver*, *lavure*, *lèvre*, etc.; *mère*, *mire*, *Maure*, *moire*, *mure*, etc.; *peste*, *poste*, etc.; *perte*, *prote*, *porte*, *pirate*, etc.; *rade*, *roide*, *ride*, *rode*, *rude*, etc.; *rat*, *rêt*, *rit*, *rôt*, *rut*, etc.; *sac*, *sec*, *soc*, *suc*, etc.; *langue*, *linge*, *lainage*, *louange*, *longue*, *lange*, etc.; *dire*, *dore*, *dure*, *douaire*, etc.; *mégare*, *mégère*, *maigre*, etc.; *chérubin* et *charbon*; *troter*, *tartre*, *torture*, *tartare*; *traiteur*, *traître*, etc.; *carme*, *crême*, *carême*, *crime*, etc.; si, sous les doigts d'un Sténographe, le *mal* peut avoir la douceur du *miel*, il est également vrai qu'une *beauté fraîche* se transforme en une *bête farouche*, etc. etc. Plusieurs centaines de pages ne suffiraient pas pour contenir tous les mots de la langue française, qui, écrits sténographiquement, sont susceptibles de vingt interprétations différentes, contraires ou disparates.

Il résulte de là, que la Sténographie ne présente aucun des avantages que j'ai détaillés comme dérivant de l'Okygraphie. En effet, si le Sténographe écrit assez rapidement, il est nécessairement très-lent à se lire, et il lui faut huit jours peut-être pour deviner ce qu'il a écrit en deux heures. Les choses se compensant ainsi et la correspondance n'y gagnant presque rien, pour la célérité, autant vaudrait-il s'en tenir à l'écriture vulgaire. Ensuite, la Sténographie, pouvant donner lieu aux plus graves erreurs et à de perpétuelles équivoques, il est impossible de l'employer dans la correspondance publique ou particulière, puisque, tandis qu'un père, par exemple, écrirait sténographiquement à son fils : *ménage ton argent*, celui-ci pourrait très-bien lire : *mange ton argent*, et trouverait dans le vice même du système sténographique, une excuse légitime à la manière dont il aurait interprêté les conseils paternels.

Il en arriverait à-peu-près de même si, dans le récit d'un événement remarquable, on voulait parler de la *prouesse* de quelqu'un; l'éloge que l'on voudrait faire de lui pourrait tourner à son désavantage, puisqu'on pourrait n'y lire qu'un certificat de *paresse*.

Quand la Sténographie ne présenterait que ce seul inconvénient de mettre le lecteur dans l'obligation de choisir entre une grande quantité de mots, celui qui peut convenir au sens supposé de la phrase, cela suffirait pour la faire rejeter et la rendre inadmissible en justice: comment en effet avoir un jugement équitable sur une pièce qui, susceptible de mille interprétations diverses, offre aux yeux des uns un motif de louange; et aux yeux des autres un sujet de blâme ou d'improbation?

Sous d'autres rapports, les abus résultant de la Sténographie sont bien plus dangereux encore, et que Dieu vous garde d'avoir jamais à démêler des affaires d'intérêt avec un Sténographe! Si vous lui prêtez *dix* mille francs, il s'acquittera en vous en remboursant *deux* mille; et si au contraire vous en empruntez *deux* mille de lui, il vous prouvera que vous lui en devez *dix* mille, parce que, chez lui, *dix* et *deux* sont synonimes.

Dans une lettre publiée par un *Sténographe*,

on prétendait que l'Okygraphie ne pouvait jamais devenir une écriture aussi rapide que la Sténographie, parce qu'il fallait, disait-on, une précision presque mathématique dans le placement de ses caractères, pour éviter la confusion; et dans cette même lettre, on citait le mot *mouche* comme ne s'écrivant qu'à l'aide de trois caractères, pour chacun desquels, ajoutait-on, il faut lever la main.

Il y a d'abord ici une erreur de fait qu'il importe de relever, c'est que deux caractères seulement qui, pris ensemble, sont aussi simples, aussi prompts, aussi faciles à faire qu'un *i* dans l'écriture vulgaire, rendent okygraphiquement le mot *mouche*, sans qu'on puisse le confondre avec tout autre mot.

Un Sténographe, au contraire, écrira le même mot par deux caractères liés, représentant l'*m* et le *ch*, mais dont le premier est composé d'une ligne circulaire et d'une ligne droite; et ensuite, quand il voudra se lire, il trouvera dans ses caractères, *mioche*, puis *mèche*, puis *mâche*, et puis enfin il pourra y découvrir le mot *mouche* qu'il aura voulu écrire; et il sera forcé de répéter le même examen, le même travail et les mêmes combinaisons, toutes les fois qu'il lui prendra fantaisie de savoir ce qu'il aura écrit.

Et cette précision même, cette minutieuse attention dont il reproche la nécessité à l'Okygraphie, lui devient à lui-même bien autrement indispensable. En voici la preuve, tirée du mot déjà cité pour exemple; car si la deuxième partie du premier caractère dont se sert le Sténographe pour rendre la lettre *m* du mot *mouche*, n'est pas *mathématiquement* horizontale, au lieu d'un *m*, on aura un *l*, et alors on lira *lâche*, *leche*, *louche*, etc.

Un vice essentiel à reprocher encore à la Sténographie, et qui ajoute à son imperfection, c'est l'impossibilité physique où elle se trouve de rendre les noms propres, quels qu'ils soient. Les noms d'hommes, de pays, les termes techniques des arts et des sciences, ne sont point de son domaine.

Pour prouver la vérité de cette assertion, prenons le mot *Sténographie* lui-même.

Un Sténographe, pour l'écrire, tracera sur le papier des caractères qui représenteront, dans leur ordre, les consonnes seules du mot, savoir: *s*, *t*, *n*, *g*, *r*, *f*, avec un signe particulier pour la terminaison *ie*. Sans nous arrêter ici à la difficulté qui résulte de ce que les caractères dont il se sert pour rendre le *g* et l'*f*, peuvent aussi représenter un *j* et un *v*, et varier entièrement la prononciation et la valeur du mot, examinons ce que fera celui qui voudra lire le mot qu'on aura voulu tracer. Il commencera d'abord à placer mentalement une ou plusieurs voyelles entre chaque consonne, et après les avoir essayées toutes l'une après l'autre, il trouvera quelques centaines de combinaisons, parmi lesquelles il flottera sans que rien le guide vers la véritable acception.

Il suit de là qu'il est expressément défendu au Sténographe, sous peine d'être tout-à-fait inintelligible, même pour lui, d'user, dans sa correspondance, de mots nouveaux ou qui ne seraient pas déjà connus de celui auquel il s'adresse ; car les caractères sténographiques peuvent bien quelquefois rappeler des idées acquises et connues, mais elles n'en feront jamais naître ou comprendre de neuves, surtout s'il s'agit de les revêtir d'expressions qui sortent du cercle des locutions vulgaires. C'est bien ici le cas de dire que *la lettre tue l'esprit.*

Qu'on se représente un malheureux Sténographe, rentré chez lui en sortant d'une classe publique, où il aura noté à sa manière la leçon d'un professeur, et luttant contre son cahier, auquel il demande vainement le sens des caractères qu'il a tracés ; il perd à les décomposer ou à les retourner de mille manières, le temps qu'il aurait beaucoup mieux employé à réfléchir sur la leçon ; il court après des mots, quand il ne devrait s'occuper que des choses.

Ajoutez qu'un art aussi conjectural, aussi inutile, j'ai presque dit aussi funeste, exige, de la part de ceux qui s'y livrent, une intelligence extraordinaire, une application et surtout une patience à toute épreuve, tellement que parmi ceux qui ont souscrit pour l'Okygraphie, beaucoup m'ont assuré, qu'après avoir travaillé six mois et plus à la Sténographie, ils ont été contraints d'y renoncer, rebutés par les difficultés insurmontables qu'ils rencontraient.

Parmi les preuves sans nombre qu'on peut donner de la supériorité de l'Okygraphie sur la Sténographie, et que la lecture de cet ouvrage va développer successivement, il en est une qui n'admet point de réplique.

La Sténographie, comme on l'a vu, fait consister sa prétendue perfection dans la suppression des voyelles médiantes. Cette perfection n'est réellement que la plus grande des imperfections, puisqu'elle donne lieu à une foule d'absurdités rendues palpables par les exemples que l'on en a cités ; puisque, surtout, elle s'oppose invinciblement à ce que l'on puisse jamais écrire ce qu'on a voulu dire.

Mais enfin, si ce procédé avait en effet quelqu'avantage, il ne tiendrait qu'à l'Okygraphe de se l'approprier, en supprimant aussi les voyelles, en liant les consonnes ensemble comme la Sténographie, et alors il resterait toujours au premier le bénéfice immense de la réduction en un seul caractère de toutes les syllabes de la langue française, avantage inconnu au Sténographe qui, dans tous les cas, est obligé de faire autant de caractères qu'il y a de consonnes dans le mot. Ajoutons que dans tous les mots qui commencent par une voyelle, le Sténographe est obligé de lever la main, inconvénient que n'offre point l'Okygraphie, qui, liant toujours cette voyelle, qui se fait plus rapidement que le point, à la lettre suivante, est bien sûr de n'avoir écrit que ce qu'elle veut faire entendre.

Il faut être juste ; si, malgré toutes ses imperfections, la Sténographie a rendu des services, on doit lui en savoir d'autant plus de gré, qu'ils lui ont coûté plus de peine. Mais, pour que la reconnaissance soit proportionnée au bienfait, il faut bien s'instruire de l'étendue du bienfait même. Consultons donc les élèves de l'école Normale, consultons surtout les professeurs qui l'ont illustrée par leurs talens, et sachons précisément de quelle utilité a pu être la Sténographie.

Un de ces professeurs, celui que l'on suivait peut-être avec le plus de plaisir et d'assiduité, M. Sicard va nous répondre, et son témoignage sera, dans la cause actuelle, exempt de tout soupçon de partialité, puisqu'il est consigné dans un ouvrage imprimé en 1797, c'est-à-dire, à une époque où l'on n'avait encore jamais entendu parler d'Okygraphie.

Voici donc ce qu'on lit dans un rapport fait par M. Sicard, instituteur des Sourds-Muets, à l'institut national, sur la Typographie et l'Ecriture de M. Pront; rapport que ce dernier a fait imprimer en tête de l'ouvrage qu'il a publié sur sa découverte et dans lequel il a développé les élémens de sa Typographie.

En parlant de l'écriture de M. Pront, M. Sicard dit: « Cette écriture donnant un bénéfice » réel et sur le temps et sur l'espace, de quels » avantages ne peut-elle pas être dans un gou- » vernement représentatif, pour s'emparer, sans

» équivoque et sans erreur, de tout ce qui se » dit à la tribune nationale, aux tribunaux; aux » écoles centrales, aux cours publics, partout » où l'enthousiasme crée à l'instant les discours » qui s'y débitent, et qui, sans ce secours, se- » raient perdus pour tous ceux qui n'auraient » pas été à portée de les entendre.

» On nous dira peut-être, ajoute M. Sicard, » que la Sténographie et la Tachygraphie offrent » les mêmes avantages. Ici j'interrogerais mes » collègues, les professeurs des écoles Nor- » males, ils diraient tous que la leçon dont les » Sténographes leur apportaient la copie infi- » dèle, était presque toujours une leçon nou- » velle à faire, tant il régnait de confusion » dans ces transcriptions équivoques; et on » n'en sera pas surpris quand on saura que » la Sténographie ne tient compte d'aucune » voyelle, etc. »

Toute réflexion serait faible après cette citation; occupons-nous donc à développer le systême de l'Okygraphie.

On croit devoir, avant tout, prévenir les amateurs de l'art des abréviations, qu'ils ne doivent point être détournés de l'étude de quelques instans qu'il exige, par l'apparence de complication que présentent les planches à celui qui n'en considère que l'ensemble ; que l'on se pénètre bien des élémens dont chaque mot se compose; que l'on procède par l'analyse, et l'on sera tout étonné des succès rapides que l'on obtiendra.

OKYGRAPHIE(1),

OU

L'Art de fixer, par écrit, tous les sons de la parole, avec autant de facilité, de promptitude et de clarté que la bouche les exprime.

L'Okygraphie est une écriture rapide. Pour suivre sur le papier la parole d'un orateur, le chant d'un musicien, il est indispensable de réduire et de syncoper beaucoup l'écriture ordinaire. Cette réduction se fait par le moyen de caractères convenus et adoptés.

Si l'on pouvait opérer la réduction sur les phrases d'une langue, on aurait obtenu la méthode la plus parfaite pour écrire rapidement; mais on voit aisément qu'une telle opération est impossible.

Il en est en effet des vingt-quatre lettres de

(1) Le mot *Okygraphie* vient des deux mots grecs ὠκυς, rapide, actif, prompt, léger, et γραφη, ης, écriture.

l'alphabet comme des quatre-vingt-dix numéros de la loterie; ces quatre-vingt-dix numéros, combinés ensemble, donnent un certain nombre d'ambes, un plus grand nombre de ternes, un bien plus grand nombre de quaternes, etc. : de même les vingt-quatre lettres de l'alphabet, qui composent une quantité de syllabes qui n'est pas très-considérable, donnent un dictionnaire entier de mots, et des milliers de dictionnaires ne contiendraient pas les phrases que l'on peut faire avec ces vingt-quatre lettres.

La réduction ne peut donc pas s'opérer sur les phrases d'une langue, parce qu'il faudrait, pour cette opération des règles multipliées à l'infini : appliquée aux mots mêmes, elle exigerait une règle particulière, un signe distinctif pour chaque mot, et par conséquent un dictionnaire volumineux de signes, ce qui rendrait cette étude longue et fastidieuse. Restent donc les lettres de l'alphabet et les syllabes qui résultent de leur combinaison, qu'il soit possible et facile de syncoper : tel est aussi le but de l'Okygraphie.

Voici quels sont ses procédés.

Il n'est aucune lettre de l'alphabet qui n'exige plus d'un trait de plume et plus d'un mouvement des doigts pour sa formation ; la lettre *m*, par exemple, en renferme six, les trois jambages tracés du haut en bas, la terminaison du dernier et les deux liaisons formées du bas en haut. La lettre *o* demande deux traits pour former les deux côtés de l'ovale. Il en est de même des autres lettres qui, toutes composées, le sont plus ou moins.

Pour mieux juger de cette composition, il faut se représenter une personne qui veut apprendre à écrire, et qui, pour la première fois de sa vie, tient une plume à la main. Tous les mouvemens de sa plume seront bien marqués et bien distincts; et surchargée de la multitude de traits dont elle aura besoin pour former ses lettres, elle sera encore obligée de classer dans sa mémoire la figure bizarre de chacune d'elles. Quel travail, et quel sacrifice de temps!

Si l'on convient au contraire de rendre la lettre *m* par ce caractère-ci *r*, qui est le résultat d'un simple trait de plume, il est clair qu'on aura réduit cette lettre des cinq sixièmes. La réduction sera la même, si l'on exprime la diphtongue *ou* par ce trait ›, qui est notre virgule ordinaire. La lettre *b*, rendue par ce signe |, diminuera des deux tiers le travail de la main; et la même opération, étendue à toutes les lettres de l'alphabet, les réduira successivement à un simple jet de plume, et au plus simple qu'il soit possible d'imaginer.

Ainsi ces trois signes |, ›, ‹, qui sont la perpendiculaire, la virgule et la cédille, ou le diamètre d'une circonférence, et les deux parties de cette même circonférence représenteront les vingt-quatre lettres de l'alphabet.

Mais avant de voir comment ces trois caractères si simples peuvent représenter vingt-quatre lettres dont la forme et la valeur sont si différentes, il faut parler de quelques changemens que j'ai cru devoir faire à notre alphabet ordinaire ; changemens avoués par la raison, et déterminés par l'obligation où se trouvent les Okygraphes de rejeter tout ce qui n'est pas absolument nécessaire à l'intelligence des mots, comme tout ce qui pourrait en rendre l'acception équivoque.

1°. Je supprime les lettres *y*, *x*, *h* et *q*.

L'*y* est de droit remplacé par l'*i*.

L'*x* se prononce comme *gz*, dans *exaucer*, ou comme *ks*, dans *axe* ; nous emploierons donc le *z* ou l'*s* précédés du *g* ou du *k*, suivant le son qu'aura la syllabe que nous écrirons.

La lettre *h*, aspirée ou non, ne se prononçant jamais, devient tout-à-fait inutile. La lettre *q* sera très-bien représentée par la lettre *k*, et par ce moyen, on gagnera encore du temps, puisqu'on sera dispensé d'écrire après cette lettre l'*u*, qui, comme on sait, est le *frère chapeau* de la lettre *q*.

2°. Plusieurs de nos lettres ordinaires ont une double valeur; telle est la lettre *c*, qui se prononce tantôt avec le son dur, comme dans *cacochime*, *Caucase*, tantôt avec le son doux, comme dans *ceci*, *Cicéron* (1). Telle est la lettre *s*, qui a tantôt le son plein, comme dans *souvent*, et tantôt le son doux, comme dans *rose ;* telle encore la lettre *g*, qui tantôt a la valeur de *gue*, et tantôt celle de *j*, comme dans *gai* et *général*. La lettre *t* présente la même ambiguité, mais d'une manière plus bizarre encore. On conviendra, par exemple, qu'il faut qu'un enfant ait une grande confiance en son maître d'école, pour lire et répéter, d'après lui, ces deux phrases : *Nous portions nos portions ; dans quelles intentions intentions-nous ce procès ?* de manière à prononcer différemment des mots qui s'écrivent exactement de même. Il est impossible de trouver un motif raisonnable à une disparité si choquante, et le grammairien en est réduit à alléguer la volonté de nos ancêtres ;

---

(1) C'est cette double valeur de la lettre *c* qui donna lieu à une scène assez plaisante, mais très-désagréable pour l'une de nos aimables du jour. Un monsieur, qu se trouvait à souper chez elle, ne faisait que découper, sans rien manger. Pressé de prendre quelque chose, il s'en défendit, et montra, pour son excuse, la lettre de la maîtresse de la maison, qui, ayant écrit *souper* par un *c*, avait réellement invité le convive à *couper*. Si cette dame eût été Okygraphe, elle eût évité l'humiliation à laquelle l'exposa la mauvaise plaisanterie de cet homme indiscret.

raison bannale, excuse ordinaire de tous les caprices des langues anciennes et modernes.

L'Okygraphe n'a pas besoin de ces justifications mal adroites et insignifiantes : il rejette toute double acception des lettres, et il écrit ainsi les phrases précédentes : *Nous portions nos porsions ; dans quelles intensions intentions-nous ce procès ?*

D'après ces données, il est facile de voir que, dans l'Okygraphie, le *g* aura toujours le son dur, comme dans *gant*, et qu'on lui substituera le *j* dans tous les mots où il entrait avec le son doux, comme dans *Géorgiques*. *S* aura toujours le son plein ; il sera remplacé par le *z* dans toutes les circonstances où il était doux ; ainsi l'on écrira *roze* au lieu de *rose*, qui se prononcera *rosse*. Le *c*, ayant le son dur, sera représenté par le *k* ; avec le son doux, il le sera par la lettre *s* ; mais que deviendra le *c* ? sera-t-il supprimé ? Non. On le chargera de représenter cette consonne française qui se compose des deux lettres *ch*, comme dans *cheval* ; c'est-à-dire qu'on lui donnera à-peu-près le son qu'il a, dans la langue italienne, avant les voyelles *e* et *i*.

Il est inutile d'observer que, d'après les régles ci-dessus, le *ph*, qui n'est que l'*f* des Grecs, se rendra toujours par l'*f*.

3°. Après être ainsi convenu de la suppression des lettres dont on peut se passer, et de la fixation à une seule valeur de toutes celles qui, dans la langue française, en ont deux, on placera les lettres qui restent encore, dans un ordre voulu par la raison, tel qu'il puisse aider à la mémoire et réparer les méprises, s'il était possible que la main en commît quelquefois en traçant trop rapidement les nouveaux caractères.

L'alphabet connu présente les lettres dans cet ordre; *a*, *b*, *c*, etc., sans qu'il soit possible d'assigner à cet arrangement d'autre motif que la volonté de celui qui les imagina, ou peut-être encore l'ordre dans lequel ces caractères furent successivement inventés.

Pour moi, consultant les règles de l'analogie, et suivant la méthode des naturalistes qui rapprochent les genres qui ont le plus de rapports entr'eux, je placerai à côté l'une de l'autre les lettres dont le son est presque semblable, comme résultant d'une moindre ou d'une plus forte pression de la langue ou des lèvres. Ainsi je dirai, en les énonçant deux à deux : *b*, *p* : *d*, *t* : *j*, *c* (1) : *g*, *k* : *v*, *f* (2) : *z s* : *l*, *r* : *m*, *n* (3).

---

(1) On sait que les Grecs rapprochaient ainsi les consonnes π, β, κ, γ, et τ, δ. Ils appelaient les premières de ces lettres *tenues*, et les secondes *moyennes*.

(2) *V* est réellement la moyenne de la tenue *f*; ces

Viendront enfin les cinq voyelles ordinaires et trois diphtongues, pour compléter les vingt-quatre lettres dont se compose l'alphabet okygraphique.

On n'oubliera pas ce que j'ai dit plus haut, que le *c* se prononce toujours comme *ch* dans *chapeau ;* le *g* comme dans *garde ;* l'*s* comme dans *Samson*, et le *t* comme dans *digestif*.

Il ne reste plus qu'à convenir de la manière dont on prononcera nos consonnes. Voici celle que je propose.

On supposera que chaque consonne est suivie de l'*e* muet, ouvert ou fermé, suivant que le mot l'exigera, et l'on prononcera ainsi :

---

deux lettres ont une telle analogie, que l'élégant, le correct Racine, celui de tous les poëtes qui, en écrivant, a le plus consulté son oreille et son cœur, n'a point fait difficulté de faire rimer *vée* avec *fée*, dans ces vers de Mithridate :

Juge de mes douleurs quand des bruits trop certains
M'annoncèrent du Roi l'amour et les desseins,
Quand je sus qu'à son lit Monime *réservée*,
Avait pris avec toi le chemin de *Nymphée*.

(3) J'ai placé les lettres *m* et *n* les dernières, parce qu'elles n'ont pas entr'elles la même analogie que celles qui précèdent.

B. *P.* *D.*

be, bê ou *bé : pe, pê* ou *pé : de, dê* ou *dé :*

T. *J.* *C.*

te, tê ou *té : je, jê* ou *jé : che, chê* ou *ché :*

G. *K.* *V.*

gue, guê ou *gué : ke, kê* ou *ké : ve, vê* ou *vé :*

F. *Z.* *S.*

fe, fê ou *fé : ze, zê* ou *zé : sse, ssê* ou *ssé :*

L. *R.* *M.*

le, lê ou *lé : re, rê* ou *ré : me, mê* ou *mé :*

N.

ne, nê ou *né.*

Les voyelles et les diphtongues conserveront leur prononciation ordinaire.

On apercevra sans peine, l'avantage immense qu'on peut retirer de cette convention ; c'est que, dans tous les mots où une des consonnes est suivie de la lettre *e*, ou des diphtongues *ai*, *oi*, ayant le son de l'*e*, on sera dispensé d'écrire cette voyelle, et qu'on abrégera d'autant. Un exemple rendra cette vérité plus sensible. Prenons ces deux mots, *régénérer* et *dessécher*. Si l'on n'a point perdu de vue les règles déjà posées de la prononciation, on verra très-facilement que *r* se prononçant *ré* ou *re ; g jé* ou *je ;* n *né* ou *ne ;* et r *ré* ou *re ;* on aura écrit le mot *régénérer* avec ces quatre lettres *r j n r*, et en caractères okygraphiques, par ceux-ci (| ((. Il en est de même du mot *dessécher*, que l'Okygraphe rend par ceux-ci | (| (. On verra, dans la suite de l'ouvrage, comment ces caractères, déjà si simples, le deviennent encore davantage, et reçoivent un accroissement de rapidité par leur liaison entr'eux.

On peut juger par les deux mots que je viens de citer, combien la réduction est grande, puisque, sous le rapport des traits de plume, l'écriture est réduite des dix-sept vingtièmes, et quelle rapidité doit avoir une écriture fondée sur des bases aussi simples et composée de caractères que la main la moins exercée peut tracer tout de suite.

Je prévois l'objection ; on va craindre que la suppression des *e*, soit muets, soit ouverts, soit fermés, et les diphtongues *ai* et *oi*, ayant le son de l'un de ces *e*, ne rende les mots inintelligibles ; qu'on se rassure.

Ne sait-on pas d'abord qu'un grand nombre de personnes, en écrivant, n'accentuent jamais les *e* ; et cependant on lit très-bien leur écriture.

Au contraire, l'habitant des bords de la Garonne ne connaît, en parlant, aucun *e* muet : sa prononciation donne toujours à cette voyelle la valeur de l'*e* fermé, et cependant on entend parfaitement ce qu'il veut dire.

Quand une personne nous dit j'*aimai*, j'*allai*; ces mots offrent à notre oreille la même désinence que les participes *aimé*, *allé*. Cependant nous ne nous y trompons pas, parce que notre esprit suit le sens du discours, et que les mêmes sons, suivant qu'ils sont placés, éveillent en nous des idées différentes.

Enfin, quel est celui de mes lecteurs qui n'a pas reçu quelquefois une lettre écrite par une personne qui lui était chère, et dans laquelle cette amie, très-peu fidèle aux règles de l'orthographe, l'assurait de la constance et de la vivacité de ses sentimens? De pareilles missives ont pourtant été facilement lues, n'ont jamais donné lieu à quelqu'imbroglio, et ont toujours passé, sinon pour des monumens de vérité, du moins pour des modèles de clarté, quoique très-peu conformes aux règles grammaticales.

L'Okygraphie est l'écriture parlée.

Après avoir ainsi déterminé et le rang et la véritable prononciation des lettres de notre alphabet, il reste à examiner comment ces vingt-quatre lettres pourront être représentées par ces trois caractères | ᴄ ɔ.

Une simple exposition des observations qui m'ont conduit à la découverte de ma méthode, va nous donner ce moyen.

Qu'un musicien solfie un air, il me sera impossible de le suivre avec la plume, et de tracer sur le papier, avec l'écriture ordinaire, ou même avec les caractères convenus pour rendre les notes, celles qu'il prononcera. Mais que je prenne un instrument de musique, un violon par exemple, alors non-seulement je rends simultanément, pour les oreilles qui nous écoutent, les sons que le musicien écrit, mais même je les devance, et c'est à son tour le chanteur qui ne peut plus me suivre. Les airs les plus rapipes, les contredanses les plus animées, sont tellement subordonnées au mouvement de mon archet, que je puis faire quatre notes et plus, lorsque le chanteur prononce une seule syllabe, quelque rapidité qu'il veuille mettre dans son chant. Et remarquez que le violon produit cet effet entre les mains, je ne dis pas d'un virtuose, mais même de celui, qui, privé de la vue, déchire nos oreilles pour attendrir nos cœurs sur sa misère.

Après cette première observation, je me suis rappelé que le père Castel, jésuite, inventa un clavecin qui montrait des couleurs au lieu de rendre des sons (1), et je me suis dit: Si au lieu

---

(1) Composa-t-il son clavecin de plusieurs octaves? Le ton de couleur le plus grave était-il noir? Le plus aigu était-il blanc? Toutes les autres couleurs étaient-elles

d'obtenir de la vibration des cordes d'un violon, une sensation pour l'organe de l'ouïe, nous en avions une qui appartînt à celui de la vue ; si cette sensation, au lieu d'être passagère et instantanée, était en quelque sorte permanente, qu'elle laissât des traces qui, frappant nos regards, auraient une valeur réelle, et représenteraient une des syllabes de la langue française, il est bien vrai que l'archet alors aurait écrit la parole; or qui conduit l'archet? C'est la main. Transformons donc l'archet en une plume, et nous écrirons des lettres et des syllabes aussi vîte que l'archet forme des sons. Mais l'archet ne peut rendre les sons rapides, qu'au moyen des notes également rapides, que l'on désigne

---

placées dans l'intermédiaire ? C'est ce que j'ignore. Il semble plutôt qu'il dut représenter le corps sonore et ses aliquotes, par les couleurs du prisme ou de l'arc-en-ciel, et qu'ensuite, mélangeant ses couleurs primitives, il composa le reste de l'octave. Sa première octave étant fixée, les autres plus aiguës ne devaient être qu'une répétition de la première, nuancées plus faiblement, en proportion de leur éloignement de la première octave. Voilà l'idée que je me suis faite du clavecin du père Castel, dont plusieurs savans attestent l'existence, sans trop expliquer ses harmonies.

Essais sur la Musique, par Grétry, tome 3, page 234.

sous le nom de doubles et de triples croches, etc. et qui sont le résultat d'un simple coup sur la corde : il faut qu'il en soit de même de nos caractères : or les trois que l'on connaît ont cet avantage, puisqu'il ne faut, pour les former, que frapper, pour ainsi dire, la plume sur le papier.

Toutes les notes que l'on peut faire sur le violon, toujours les mêmes par rapport à l'archet qui les produit, ne changent de valeur que par la position des doigts ; c'est par cette position différente, que le même coup d'archet fait un *ut*, un *ré* ou un *mi*. Il en sera de même de nos trois caractères, qui, chargés seuls de représenter les vingt-quatre lettres de l'alphabet, se multiplient par les places différentes qu'ils peuvent occuper.

On devine déjà que pour écrire okygraphiquement, il ne faut que la petite précaution d'avoir du papier qui représente le manche du violon, c'est-à-dire, rayé à quatre lignes, comme on va le voir (1).

---

(1) Il sera plus avantageux que les lignes soient tracées en rouge ; les caractères que formera la main seront alors plus saillans, ou bien il suffira d'avoir du papier filagrammé à quatre lignes blanches. Les lignes des planches qui sont à la fin de l'ouvrage auraient été en rouge, si l'art du graveur eût pu se prêter au mélange des deux

Déjà sans doute tous les avantages de cette nouvelle méthode se découvrent aux yeux du lecteur. Des caractères peu nombreux, faciles à retenir, faciles à former, vont exprimer toutes les lettres de l'alphabet et en tenir lieu. Et qu'on ne dise pas que l'Okygraphie ne traçant pas ses traits sur la même ligne, et obligé de lever la main pour leur assigner la place qu'ils doivent occuper, doit perdre un temps considérable. Ne voit-on pas le joueur de violon ou de forté, passer d'une octave à l'autre, sans perdre la mesure et sans la ralentir? Il en sera de même de l'Okygraphe. On verra bientôt d'ailleurs que j'ai porté l'attention jusqu'à chercher et trouver les moyens de prévenir, dans la plupart des occasions, ce lèvement de la main.

Voyez maintenant mon alphabet, planche 1, figure 1.

Ce caractère |, placé au-dessus de la première ligne, est un *b*; coupant la première ligne, c'est un *p*; entre la première et la seconde ligne, c'est un *d*, et ainsi de suite et de même pour les deux autres caractères ‹ , › , qui sont chacun employés huit fois.

---

couleurs différentes sans inconvénient pour l'exactitude des caracteres okygraphiques ; mais cette difficulté, que la gravure n'a pu vaincre jusqu'à présent, n'existe point pour celui qui écrit.

Avant de procéder à la réduction des syllabes de notre langue, et aux moyens de les exprimer par un seul trait simple, je vais exposer la manière de lier par un même coup de plume, l'une à l'autre, les lettres de l'alphabet okygraphique.

Cette opération, non moins importante que facile, a pour objet d'éviter le lèvement de la main à chaque caractère, et donnera par conséquent plus de prestesse au mouvement de la plume. On doit remarquer en effet que ceux qui ont acquis quelque rapidité dans l'écriture ordinaire, ne le doivent qu'aux liaisons qu'ils donnent à toutes leurs lettres, et même à tous leurs mots, et aux soins qu'ils ont de ne lever la main qu'au changement de ligne.

Le nombre des traits simples qui, dans l'Okygraphie, peuvent se combiner de différentes manières, étant très-peu considérable, et de beaucoup inférieur à celui des lettres de l'alphabet, on suppléera à ce défaut, en employant les mêmes traits pour les lettres dont le son est similaire; on observera seulement de faire le trait plus ou moins grand, suivant que l'on aura à tracer un son plus ou moins fort. Cette attention de proportionner la grandeur du trait à la valeur de la lettre, n'est pas de rigueur; on peut la négliger sans craindre que le mot qu'on aura écrit puisse avoir une double acception, et présenter au lecteur une idée différente de celle qu'on aura pu lui communiquer.

Un exemple fera mieux sentir cette vérité.

Supposons que dans les mots *capable*, et *admirer*, le trait qui joint le *p* à l'*a* dans *capable*, et celui qui joint le *d* à l'*a* dans *admirer*, n'aient pas la grandeur requise pour les distinguer des lettres qui leur sont similaires, il arrivera seulement qu'on aura écrit *cabable* au lieu de *capable*, et *atmirer* au lieu d'*admirer*; mais qui ne voit que cette différence, dans le son des caractères, n'en produit, et n'en peut produire aucune dans la valeur des mots? On sait assez que les Allemands qui parlent le français, confondant toujours les lettres similaires, n'enploient communément que celles dont le son est fort; qu'ils disent *pon chour* au lieu de *bon jour*, etc. : et cependant tout le monde les comprend parfaitement bien. C'est ici que commencent à se développer les résultats heureux du nouvel ordre que j'ai assigné aux lettres de l'alphabet.

Si donc nous nous accoutumons à différencier les lettres similaires jointes par le plus ou moins de grandeur donnée aux caractères que nous employons pour les représenter, ce n'est que pour leur assigner, pour ainsi dire, une valeur mathématique, telle qu'il soit impossible de se refuser à l'intelligence de notre écriture; mais les personnes douées du bon sens le plus ordinaire, peuvent se dispenser de cette précision; la règle n'est pas pour elles; elle ne regarde que les enfans à qui on apprendra l'Okygraphie d'aussi bonne heure qu'on leur montre les premiers élémens de l'écriture vulgaire.

Nous savons déjà que toutes nos voyelles et diphtongues sont représentées par ce trait) ; toutes ces voyelles peuvent être suivies d'une ou de plusieurs consonnes, et les consonnes elles-mêmes sont souvent unies ensemble sans voyelle intermédiaire. Voyons comment, dans tous ces cas, un même trait exprimera deux, trois et quatre lettres sans qu'on soit obligé de déplacer la main. Nous allons parcourir successivement toutes nos consonnes suivant leur rang alphabétique, et assigner à chacune d'elles le trait de liaison qui l'exprimera.

1°. Le trait horizontal — placé à la suite d'une lettre sert à representer le *b* et le *p* ; voyez planche 1, figure 2.

Nous avons cru devoir multiplier les exemples sur la manière de joindre un *b* ou *p* à la lettre qui précède; quelques-uns seulement suffiront pour les autres lettres qui se lient, en observant que l'application est la même pour toutes les lettres. D'ailleurs les morceaux écrits okygraphiquement que l'on trouvera à la fin de cette méthode, offriront une assez grande variété de ces modèles, pour qu'il ne reste aucune incertitude sur les cas où ces liaisons peuvent et doivent avoir lieu, ni sur la manière bien simple de les former.

Nous avons vu comment se figuraient les

lettres *b* et *p*, précédées d'une autre lettre. Appliquons le même procédé à la liaison des autres consonnes, après toutefois que nous aurons présenté quelques observations qui paraissent indispensables.

Nous remarquerons d'abord que les lettres liées à la lettre qui les précède, ne gardent plus la même forme que celle qui leur avait été assignée dans l'alphabet okygraphique. La raison de cette différence est sensible.

Nous n'avons en effet que trois caractères qui, suivant la position que nous leur donnons, représentent vingt-quatre lettres; or, comme les lettres liées sont indépendantes de la position, qu'elles peuvent changer de place sans changer de valeur, il est évident qu'il a fallu imaginer des caractères nouveaux et plus nombreux pour représenter toutes nos consonnes liées à une lettre précédente.

Nous observerons ensuite que le premier caractère d'une syllabe dont les lettres sont liées, conservant toujours, lui seul, la forme primitve qu'il a dans l'alphabet et tirant sa valeur de sa position, devra toujours être tracé le premier, et mis à la place qui lui est assignée dans l'alphabet, tandis que les lettres jointes à ce premier caractère peuvent dépasser les lignes de démarcation sans aucun inconvénient, ce qui est l'un des grands avantages du système okygraphique.

Il faut enfin ne pas perdre de vue que les lettres liées doivent se faire d'un même trait de plume, sans lever la main, et que ces liaisons, rendant l'écriture beaucoup plus rapide, il convient d'en faire usage, toutes les fois que l'occasion s'en présentera.

2°. Les lettres *d* et *t*, à la suite d'une autre lettre, seront représentées par une ligne courbe, jointe à la lettre qui précède, de la manière indiquée planche 1, figue 3.

3°. Les lettres *j* et *c* (cette dernière ayant toujours le son du *ch*) seront indiquées à la suite d'une autre lettre, par une petite courbure de droite à gauche, portée jusqu'à la ligne dont se forme la lettre précédente, mais ne la coupant jamais; il est facile de voir que cette liaison est toujours impossible, lorsque la première lettre de la syllabe est une des consonnes représentées par ce caractère |; voyez les exemples présentées dans la planche 1, figure 4.

4°. Les lettres *g* et *k* (la première ayant toujours le son dur) seront liées à un caractère précédent, par un trait semblable à une virgule, dont les deux extrémités tendraient à se rapprocher. Ce trait sera moins grand pour la formation du *g* que pour celle du *k* ; voyez pl. 1, figure 5.

5°. Les lettres *v* et *f*, à la suite d'un autre caractère, seront rendues par ce trait ⌒, fait après le caractère, et du même trait de plume.

La lettre *f* ayant le son plus fort que la lettre *v*, celle-ci pourra, si l'on veut, être représentée par un trait moins grand, ainsi que nous l'avons fait observer pour toutes les lettres en général. Voyez planche 2, figure 6.

6°. Une ligne transversale faite de la manière indiquée planche 2, figure 7, et plus ou moins alongée, suivant le son que devra avoir la lettre, formera la liaison des lettres *z* et *s* à une lettre précédente.

Les deux lettres *z* et *s* ne peuvent se joindre à une lettre précédente par un même trait, que quand cette lettre est une voyelle ou une diphtongue représentée par ce caractère ↄ : les deux caractères | et (perdraient leur simplicité par cette liaison. Mais les cas où une consonne est immédiatement suivie de l'une des lettre *z* et *s* sont si rares, qu'on ne doit pas regretter de ne pouvoir alors effectuer de réunion. On ne connaît guère que les mots *czar*, *pseaume*, et leurs dérivés, où cette liaison pût avoir lieu, et cela ne vaut pas la peine de faire une règle particulière et d'exception.

7°. Les lettres *l* et *r*, quoique similaires, présentent plus de différence dans les sons qu'elles produisent, que les consonnes que nous venons de parcourir; elles seront donc liées à une lettre précédente par deux traits différens qui ne permettront jamais de les confondre.

De ces deux traits qui nous sont nécessaires,

l'un est plus simple, plus facile que l'autre et plus conforme au mouvement naturel de la main ; aussi l'assignerons-nous à la lettre *r*, celle des deux lettres dont nous venons de parler, qui se présente plus fréquemment dans le discours.

Comme ces deux lettres *l* et *r* peuvent se trouver après toute sorte de caractères, voyelles, consonnes ou diphtongues, il est essentiel que le trait de liaison puisse s'adapter à chacun de nos caractères alphabétiques |, (et).

La lettre *r* se liera à une lettre précédente par une petite boucle faite suivant le mouvement le plus naturel de la main. Une boucle faite en sens contraire liera la lettre *l* à un caractère précédent.

Les exemples de la planche 2, figure 8, expliqueront ce procédé.

La configuration de la lettre *l*, jointe au caractère (, fera peut-être naître quelqu'incertitude sur la manière dont se fait cette liaison. Peut-être voudra-t-on commencer par le trait de liaison. On ne pourra ni se tromper, ni hésiter dans la formation de ces lettres liées, si on n'a pas oublié ce que nous avons dit plus haut, que la lettre qui se prononce la première doit être faite la première, et qu'ainsi il faut former le caractère (avant de le boucler.

8°. Les lettres *m* et *n* n'ont d'analogie entre elles que lorsqu'elles sont nazales ; il faut donc, pour éviter ces méprises, que les traits par lesquels se fait leur liaison avec une lettre précédente soient tellement distincts, qu'on ne puisse jamais les confondre. Voici comment nous procéderons à cette liaison.

Toute lettre de notre alphabet à laquelle sera liée une ligne tracée de haut en bas, sera censée suivie des lettres *m* ou *n*. Si cette ligne est perpendiculaire à la suite des deux caractères ‹, ›, et oblique de droite à gauche avec le caractère |, elle représentera la lettre *m*. Oblique de gauche à droite. elle désignera la lettre *n*. Voy. planche 2, figure 9.

Nous avons parcouru toutes les consonnes, nous leur avons donné à chacune un trait simple et distinctif pour les représenter lorsqu'elles sont à la suite d'une lettre. Si l'on veut savoir maintenant comment tous ces traits peuvent se lier entr'eux, lorsqu'il se rencontre plusieurs consonnes contiguës, ou qui ne sont séparées par aucune voyelle, on n'a qu'à consulter la planche 3, fig. 10.

Cette figure offre quelques exemples de plusieurs consonnes liées ensemble et précédées des voyelles *a*, *e*, etc. Le lecteur verra bien, sans qu'il soit besoin de l'en avertir, que cette manière de lier plusieurs consonnes est applicable à tous les cas où il s'en trouve plusieurs ensemble, quelle que soit la première lettre du mot ou de la syllabe qu'on se propose d'écrire : peu de jours d'exercice suffiront pour en rendre l'usage très-familier et en faire sentir tout l'avantage.

Après avoir consacré plusieurs pages à expliquer la manière dont une lettre se lie à une autre par un même coup de plume ; après avoir multiplié les exemples, pour ne laisser aucun doute, aucune incertitude sur le choix des moyens propres à rendre ces liaisons faciles, nous allons faire juger de l'extrême simplicité des règles sur lesquelles nous nous sommes étendus, de leur petit nombre et de la facilité avec laquelle la personne la moins intelligente peut les classer très-promptement dans sa mémoire. Pour y parvenir, nous allons reproduire toutes ces règles en un seul tableau et par un seul exemple, dans lequel le caractère représentant la lettre *o* sera la première lettre à laquelle tous les autres se lieront. Voyez planche 3, figure 11. Ce tableau suffira pour démontrer que, dans la méthode okygraphique, la pratique est aussi aisée que la théorie.

En effet, les liaisons adaptées, dans ces deux lignes, aux lettres *o*, *t* et *s*, sont applicables à toutes les lettres de l'alphabet, et il suffira de les faire une fois, pour être sûr de ne plus se tromper, ni sur leur configuration, ni sur leur valeur. Dans la seconde portée, on n'a pas cru devoir répéter les signes de liaison des lettres *p*, *t*, *k* et *f*, qui ne sont autre chose, ainsi que nous l'avons déjà remarqué plus d'une fois, que les traits représentant les lettres *b*, *d*, *g*, *v*, unies à des caractères qui précèdent, mais dont la forme est plus grande.

RÉDUCTION

Sur les Syllabes ou sons de la Langue.

Ce n'est point assez d'avoir déterminé la manière de lier nos caractères alphabétiques ; il nous reste encore à parler de la réduction que l'Okygraphie opère sur les syllabes de la langue française, et c'est ici que se développe surtout la supériorité de cette nouvelle méthode, sur toutes celles qui ont paru jusqu'ici.

On ne doit jamais perdre de vue que l'écriture okygraphique n'est que l'image de la langue parlée, et que son but est de rendre les sons de l'orateur ou du musicien qu'elle écoute.

Il suit de là qu'en écrivant sous leur dictée, l'Okygraphe n'est pas plus tenu à l'observation des règles de l'orthographe, que celui qui parle et qu'on entend parfaitement bien, quoiqu'il ne mette dans ses discours ni points, ni virgules, et qu'il n'exprime souvent que la moitié des lettres qui composent les mots qui précèdent ou qui suivent. Ainsi, *je pense* et *je panse*, qui présentent le même son à l'oreille, signifient cependant des choses bien différentes. Si quelqu'un sans autre préliminaire, prononçait devant vous l'une de ces deux phrases, et qu'ensuite il s'arrêtât, vous seriez en droit de lui demander ce qu'il veut dire ; s'il panse un cheval ou s'il réfléchit ; s'il est palfrenier ou philosophe. L'Okygraphe, en pareil cas, est comme l'auditeur, c'est-à-dire, qu'il n'est embarrassé sur le sens de ce qu'il écrit, qu'autant que peut l'être l'auditeur, sur le sens de ce qu'il entend.

Ceci, une fois bien entendu, nous allons parcourir les syllabes les plus usuelles de la langue française, et leur assigner un trait aussi simple que facile pour les représenter.

1°. Les lettres *m* et *n*, précédées d'une voyelle ont quelquefois le son plein, comme dans *amour*, *reine*, etc. : alors elles sont représentées par la ligne perpendiculaire, comme nous l'avons dit page 3. Mais ces deux lettres ont souvent aussi un son nazal, comme dans *an*, *camp*, etc. L'Okygraphe rend ce son nazal, quel qu'il soit, par un point mis à la place qu'occupe la voyelle qui fait partie du même son : avantage immense qui distingue cette écriture, non seulement de la Sténographie, qui ne peut faire un pas sans trébucher, mais même de l'écriture ordinaire de la langue française, dont l'orthographe confond le son nazal et plein des deux lettres citées.

Voyez l'exemple de ce procédé okygraphique, planche 4, figure 12.

Il importe de ne pas oublier que le point rend

le son nazal, de quelque manière que le son s'écrive, au pluriel comme au singulier, lorsque la prononciation ne distingue ni le nombre, ni l'orthographe.

2°. Les syllabes qui ont le son en *ian, ien*, et *ion*, comme dans *liant, lien, lion*, etc., sont très-communes dans notre langue. De quelque manière qu'elles s'écrivent, nous les rendrons par un trait oblique, placé au haut du caractère et à gauche, quand le caractère est suivi du son *ian*, traversant le caractère et le coupant de bas en haut, quand il est suivi du son *ien*, et placé dans sa partie inférieure, si le signe précède le son *ion*.

Lorsque ce trait oblique est dans la partie supérieure ou inférieure du caractère, il doit être fait d'un même coup de plume, de la manière indiquée par les exemples qui se voient planche 4, figure 13.

Le trait oblique adapté à la partie supérieure et gauche du caractère, pour indiquer que la lettre ou les lettres jointes auxquelles il est attaché sont suivies du son *ian*, doit être fait de bas en haut et avant le caractère; de bas en haut également, mais après le caractère, quand il doit représenter le son *ien*. Sert-il à indiquer le son *ion*, alors il est toujours fait après le caractère, ou les caractères, s'il y en a plusieurs réunis, comme dans le mot *aimions*. Mais il doit être fait tantôt de bas en haut tantôt de haut en bas, suivant la forme du caractère auquel ce trait doit se lier immédiatement. Les exemples rapportés dans la figure citée ci-dessus, indiquent assez l'usage de cette règle.

Observons que la valeur de ce trait oblique n'étant point attachée à sa position sur l'une des quatre lignes, il peut, sans changer de propriété, être grand ou petit, suivant que la main est plus ou moins entraînée.

3°. Notre langue offre beaucoup de sons qui s'écrivent par *abl*, *ebl*, *ibl*, *obl*, etc. On rendra tous ces sons par cette seule figure *o*, mise à la place ordinaire de l'*a*, de l'*e*, de l'*i*, etc. Elle pourra être plus grande, lorsqu'au lieu d'écrire *abl*, *ebl*, etc., on aura à écrire *apl*, *epl*, etc. ; voyez planche 4, figure 14.

4°. D'après les mêmes principes, un trait semblable à une *s* renversé, rendra tous les sons en *agn*, *egn*, *ign*. etc. ; voyez planche 4. figure 15.

5°. Le même procédé nous fera lire dans ce caractère ^ *aill*, *eill*, *ill*, *euill*, etc. ; voyez planche 4, figure 16.

6°. Un trait oblique de gauche à droite, courbé à sa naissance, pris au-dessus de la première ligne, et en traversant au moins deux, rendra la double voyelle *aa*, comme dans *Aaron*. Pris au-dessous de la première ligne, et en traversant au moins deux, il rendra les deux voyelles *a*, *ï*, se prononçant en deux temps, comme dans *haïr*. Enfin, pris au milieu des quatre lignes, et coupant les deux dernières, il rendra les deux voyelles *a*, *o*, comme dans *Aonie*. Voyez planche 4, figure 17.

7°. Un caractère oblique de droite à gauche, courbé à sa naissance, pris au-dessus de la première ligne, et en traversant au moins deux, rendra les triples voyelles *aie*, *uié*, *eie*, *eié*, comme dans les mots *raie*, *payé*. Pris au-dessous de la première ligne et en traversant au moins deux, il rendra les triples vovelles *oie*, *oié*, comme dans *noyé*, etc. Et enfin, pris au milieu des quatre lignes, et coupant les deux dernières, il rendra celles en *uie*, *uié*, comme dans *pluie*, *ennuie*, *ennuyé*, etc.

8°. Ce trait ˜, non lié à la lettre précédente, rendra, suivant sa position, la double voyelle *éa*, *ée*, *éi*, *éo*, etc., dans tous les cas où les deux voyelles se prononcent en deux sons, comme dans la figure 19, planche 5.

9°. D'après les mêmes données, le trait horizontal —, *non joint au caractère précédent*, exprimera, suivant sa position, le double son *ia*, *ie*, *ii*, *io*, etc. : sa position sera déterminée par la dernière voyelle de ce double son ; différent en ceci des caractères précédens, dont la position est fixée par la première voyelle de la syllabe. Voyez planche 5, fig. 20.

Nous venons de dire que le trait horizontal —

ne devait pas être lié au caractère précédent ; c'est pour qu'on ne puisse le confondre avec le *b* ou le *p*, qui s'écrivent par un trait semblable, mais lié à la lettre qui les précède, lorsque se trouvant dans une même syllabe, ils ont pour antécédent une voyelle ou une consonne.

10°. Un trait bouclé à sa naissance, allant de gauche à droite et ne dépassant pas les lignes ou les interlignes, représentera aussi, suivant sa position, les doubles voyelles *ua*, *ué*, *ui*, etc. Voyez planche 5, fig. 21.

11°. La double voyelle *oua*, *oué*, *oui*, etc. sera rendue par le même trait allant de droite à gauche. Voyez planche 5, fig. 22.

12°. Le trait employé planche 5, fig. 23, exprimera, suivant sa position, les doubles ou triples sons représentés par les lettres *arie*, *erie*, *irie*, *orie*, *oirie*, *ourie*, etc., de quelques consonnes que soient suivies les dernières voyelles de ces syllabes.

13°. Le trait perpendiculaire |, détaché de la lettre précédente, pris au-dessus de la première ligne, et en traversant deux au moins, rendra le son qui résulte de ces lettres *anj* fortement prononcées, comme dans *ange*, *mange*, *change*, etc. S'il coupe les deux secondes lignes, il exprimera le son *inj*, comme dans *linge*, *Comminge*, *singe*, etc. ; et enfin s'il coupe les deux dernières lignes, il rendra le son qui résulte des lettres bien prononcées *onj*, comme dans *mensonge*, etc. ; en allongeant un peu plus le trait, on obtiendra les sons *anch*, *inch*, *onch*, etc. Voyez planche 5, fig. 24.

14°. Ce trait oblique \, allant de gauche à droite, et coupant au moins les deux premières lignes, rendra le son que donnent ces lettres *amb*, entièrement prononcées : coupant les deux secondes lignes, il rendra le son *ainb* ; et enfin s'il coupe les deux dernières, il exprimera le son *onb* ; il suffira d'augmenter sa longueur dans sa base inférieure pour avoir *amp*, *imp* et *omp*. Voyez planche 6, fig. 25.

15°. Ce trait (, pris au-dessus de la première ligne, et en coupant au moins deux, rendra le son qui résulte des lettres *and* toutes prononcées, comme dans *mande*, *vende*. Pris au-dessous de la première, et en coupant également deux, il rendra le son que donnent les lettres *ind* dans le mot *Inde* ; et enfin le même trait, ne coupant que les deux dernières lignes, rendra le son *ond* lorsqu'on devra faire entendre le *d*, comme dans *monde*, *ronde*, etc.

Il faudra allonger un peu plus le caractère, quand on voudra exprimer le son que donnent toutes les lettres prononcées des syllabes *ant*, *int*, *ont*. Voyez planche 6, fig. 26.

16°. Le même trait, employé de la manière que nous venons de l'exprimer dans l'article précédent, mais bouclé dans sa base supérieure, rendra les syllabes *ang*, *ank*, *ing*, *ink* et *ong*, *onk*, dans tous les mots où le *g* et le *k* se prononcent. Voyez planche 6, fig. 27.

17°. D'après les mêmes bases, et aux mêmes conditions, le trait oblique /, fait de droite à gauche, rendra les syllabes pleines *anv*, *anf*, *inv*, *inf*, et *onv*, *onf*. Voyez planche 6, fig. 28.

18°. Si l'on applique à ce trait) les mêmes conditions que celles assignées à celui-ci (, on aura les sons pleins qui résultent de ces lettres fortement prononcées *anz*, *inz* et *onz*, *ans*, *ins* et *ons*. Voyez planche 6, fig. 29.

19°. Enfin le même trait, bouclé dans sa partie supérieure, rendra, par le même mécanisme, le son plein qui résulte des lettres entièrement prononcées *anl*, *anr*, *inl*, *inr* et *onl*, *onr*. Voyez planche 6, fig. 30.

En parlant de tous les traits qui doivent couper deux lignes pour avoir la valeur que nous leur avons assignée, nous avons dit qu'ils devaient en couper *au moins deux*; c'est qu'ils peuvent se projeter sur un plus grand nombre de lignes, suivant le mouvement involontaire de la main, sans que l'on ait à craindre d'altérer leur signification.

On aura bien compris, sans doute, que les caractères dont on se sert pour les syllabes *anj*, *inj*, *onj*, etc., ne doivent s'employer que lorsque, dans le même mot, la consonne qui suit le son *an*, *in*, *on* se prononce aussi; dans le cas contraire, on se servirait du point, comme nous l'avons vu pages 27 et 28, pl. 4, fig. 12.

Une observation qu'on aura faite sans doute en parcourant les différens traits de plume qui servent à exprimer les sons de la langue française, c'est qu'il y en a de deux espèces. Les uns ne s'emploient que de trois manières, parce qu'ils exigent deux lignes pour leur valeur, tandis que les autres peuvent se placer ou sur chaque ligne, ou dans tous les espaces que laissent les lignes.

Nous allons réunir sous un même coup d'œil tous ces signes des syllabes françaises ; un *etc.* indiquera les traits qui peuvent se placer sur chaque ligne, ou dans chaque interligne : ceux qui ne seront pas suivis de l'*etc.* ne s'emploient que trois fois. Voyez planche 7, fig. 31.

Aucun des traits qui ont pour objet d'exprimer une ou plusieurs syllabes, ne peut se lier au caractère qui précède ou qui suit, que par celle de ses extrémités qui se fait la dernière, prise isolément. Les exemples que renferme la fig. 32 de la planche 7, feront connaître la manière et l'usage de ces liaisons.

La manière dont sont écrits okygraphiquement les mots *lance* et *mince* fera voir qu'ils sont le résultat d'un seul coup de plume, et que chaque trait qui représente ou une lettre ou une syllabe, est formé dans l'ordre qu'il a dans la prononciation ; ainsi le mot *lance* se fait à-peu-près de la même manière que le *d* dans l'écriture ordinaire, en observant seulement de conduire le trait jusqu'au-dessus de la première ligne. Dans le mot *mince*, le dernier trait ne doit s'élever qu'au-dessus de l'espace compris entre la première et la seconde ligne ; plus haut, au lieu du son *ins*, on aurait le son *ans*, et plus bas celui *ons*.

Cette observation s'applique à toutes les liaisons possibles des signes représentatifs des syllabes. Ceux qui ne tiennent la place que des lettres peuvent, comme nous l'avons dit, être grands ou petits sans perdre leur propriété.

Lorsque les traits simples, les traits liés soit aux traits simples, soit aux caractères qui représentent des syllabes entières, ou des doubles et triples syllabes, seront devenus familiers par la pratique et l'usage ; lorsque la main sera parvenue à les faire, pour ainsi dire machinalement, comme elle trace les caractères de l'écriture ordinaire, on pourra encore ajouter à la rapidité de l'Okygraphie, en faisant usage d'un moyen qui, employé avec intelligence et à propos, augmentera beaucoup l'avantage déjà senti des liaisons. Comme ce moyen n'est qu'accessoire, les personnes qui craindraient de ne pas lire couramment en l'employant, pourront y renoncer sans inconvénient.

Ce moyen consiste à lier ensemble des lettres de deux mots différens, ainsi que les lie, dans la prononciation, celui qui parle, toutes les fois que cette liaison, devenue possible par la nature de la dernière lettre du premier mot et de la première du dernier, ne pourra donner lieu à aucune double acception, à aucune méprise.

Pour éclaircir ceci par des exemples, je suppose que l'on ait à écrire ces mots : *le rang*, *je pense*, *de l'homme*, *le coin*. Suivant les règles déjà connues, ces mots doivent s'écrire de la manière indiquée pl. 7, fig. 33.

Mais nous pouvons joindre ensemble l'article et le nom, le pronom et le verbe de la manière qu'ils le sont pl. 8, fig. 34.

Ces exemples suffiront pour indiquer en quelles occasions on peut faire usage de cette liaison de plusieurs mots entr'eux. Ces mots, liés ainsi, sont tels qu'ils sortent de la bouche de celui qui parle, et qui prononce *l'rang*, *j'pense*, *d'loin*, *l'koin*. On ne sera jamais arrêté à la lecture des mots ainsi liés, si l'on n'a pas oublié que l'*e*, à la suite d'une lettre, est supprimé dans l'écriture okygraphique, parce que la lettre le renferme toujours avec elle.

OBSERVATIONS

Sur le pluriel et le singulier des Noms, des Verbes, des Articles ; sur le genre de tous les Noms qui en ont un en français ; et sur la Ponctuation.

L'OPÉRATION qui doit sans cesse être présente à l'esprit de celui qui se propose de suivre, en écrivant, la rapidité de la parole, est de supprimer tout ce qui n'est pas absolument nécessaire à l'intelligence des mots écrits ; sous ce point de vue, on ne doit pas s'astreindre à marquer, par les lettres usitées, tous les pluriels et singuliers d'une même phrase, le genre des adjectifs et celui des articles, parce que l'omission de quelques-unes de ces distinctions nécessaires à l'orthographe, ne rendra pas la phrase moins intelligible.

S'il fallait des autorités pour écarter les craintes que cette nouvelle et dernière règle de l'Okygraphie pourrait faire concevoir sur la clarté de ce qu'on aura écrit, nous citerions d'abord la angue française parlée.

En effet, qu'un orateur dise : *l'homme heureux aime, recherche des témoins* ; ou bien, *les hommes heureux aiment, recherchent des témoins* ; il est bien clair que dans ces mots : *aime, recherche*, et *aiment, recherchent*, les deux lettres *nt*, qui distinguent les deux derniers mots des deux premiers, et qui servent à indiquer le pluriel, ne sont sensibles qu'aux yeux et qu'elles sont nulles pour l'oreille.

Cependant l'auditeur saisit, sans hésitation, sans difficulté, la pensée de celui qui parle, devenue claire par l'ensemble de la phrase et par le nombre du sujet du verbe.

Nous pouvons citer encore la langue anglaise elle-même.

Dans cette langue, les articles *le, la, les, de, du, des* sont exprimés, les trois premiers par le mot *the*, et les trois derniers par le mot *of*. Les adjectifs sont indéclinables et les verbes ne varient presque point dans les conjugaisons, et cependant on entend l'anglais comme le français. C'est le genre, le nombre, ou la personne du substantif qui détermine la personne des verbes, ainsi que le genre et le nombre des articles et des adjectifs (1).

---

(1) Souvent, après un nominatif pluriel, les Grecs mettent le verbe au singulier : ils disent, par exemple, *les animaux, il court*. Ces phrases cependant n'offrent

Appliquant donc le même principe à l'Okygraphie, on rendra les articles *le*, *la*, *les* par le seul caractère *ι*, mis à la place de *l*, et on écrira *l'héroïne*, comme on écrit *le héros*, sans qu'on soit plus embarrassé pour la lecture,

Cette application d'une des règles de la langue anglaise à l'Okygraphie offre encore moins d'inconvéniens pour les verbes dont le pluriel, en français, se prononce presque toujours comme le singulier, ainsi qu'on l'a vu par l'exemple des mots *aime*, *recherche*, et *aiment*, *recherchent*. Ces mots n'ayant qu'une prononciation commune, c'est rentrer dans l'esprit de l'Okygraphie que d'établir qu'ils s'écriront de même; il aura suffi, dans l'exemple cité, que l'article ou le nom aient le signe du pluriel, pour que le verbe puisse s'en passer.

Quant à la ponctuation, comme l'écritnre okygraphique n'est que la langue parlée, qui n'admet ni points, ni virgules, on peut la négliger si l'on est pressé; et mettre seulement plus de distance entre les lettres de mots différens, ou entre les mots de différentes phrases.

Si l'on a le temps de ponctuer, si l'on fait usage de l'Okygraphie comme écriture particulière et secrète, alors on emploiera le trait oblique / sur chaque ligne, pour représenter le point,

---

aucun embarras, parce que le sens lève toute difficulté.

les deux-points, la virgule, le point-et-virgule, le point d'exclamation et le point d'interrogation, comme on peut le voir pl. 8., fig. 35.

La virgule et le point-et-virgule, étant d'un usage plus fréquent que les autres espèces de ponctuation, nous placerons sur la dernière ligne, comme la plus rapprochée de la main, le signe qui les représentera; et nous remonterons ainsi jusqu'à la première ligne destinée à recevoir le point d'exclamation comme le moins ordinaire de tous.

Nous venons d'exposer en détail les principes de l'Okygraphie : des exemples multipliés ont indiqué la manière d'écrire toutes sortes de mots, soit que les lettres dont ils se composent soient simples, soit qu'elles se lient l'une à l'autre, soit qu'on emploie isolément les signes de réduction des syllabes, soit enfin qu'on les lie à d'autres caractères simples ou composés. En consacrant plusieurs pages au développement de cette méthode nouvelle, on a voulu ne laisser rien à désirer, et prévenir les moindres difficultés en faveur des personnes les moins accoutumées à apprendre par elles-mêmes. Mais les principes et les règles de l'Okygraphie n'en sont pas moins aussi simples que peu nombreux. Pour en convaincre, nous allons rassembler toutes ces règles en un seul alphabet et dans un seul exemple. Ce tableau aura le double avantage de présenter, en un court espace, l'ensemble de la méthode qu'on aura parcourue, et de convaincre de sa brièveté et de sa simplicité. Nous prendrons pour lettres auxquelles les liaisons peuvent se faire, celles qui représentent *t*, *s*, *o*, et dont la forme est différente. On saura lier toutes les lettres quand on aura lié les trois, puisque la forme de toutes rentre dans celle de l'une ou de l'autre de ces trois lettres. Voyez ce tableau, planches 8 et 9, fig. 36.

SIGNES

De réduction des Syllabes.

Voyez pl. 9, 10, 11 et 12, fig. 37 et suivantes.

Nous allons maintenant joindre l'exemple au précepte, en écrivant okygraphiquement plusieurs mots français; nous mettrons ensuite hors des lignes, et sans intervalles, ces mêmes mots et les lignes okygraphiques qui les représentent; l'espace qu'ils occuperont fera juger, d'un seul coup d'œil, de l'étendue de la réduction opérée par nos caractères sur l'écriture ordinaire. Voyez planches 10, 11, 12 et 13, figures 38 et 39.

CORRESPONDANCE SECRÈTE.

Pour peu qu'on ait suivi avec quelque attention le développement des règles de l'Okygraphie, considérée comme écriture rapide, on aura entrevu aussi les moyens immenses et faciles qu'elle présente pour une correspondance secrète. De tous temps, la diplomatie a reconnu la nécessité de s'approprier une manière particulière de correspondre qui, s'écartant des signes de l'écriture ordinaire, n'offrît que des caractères bizarres et insignifians à l'œil de celui dont la main aurait saisi des lettres et des dépêches, dépositaires des secrets d'un Etat. Malheureusement tous les moyens employés jusqu'ici par la politique ont trompé son attente, en laissant deviner avec facilité ce qu'ils ne cachaient qu'avec maladresse.

L'écriture okygraphique offre seule cette inextricabilité tant désirée et non encore trouvée. Elle repose, cette inextricabilité, sur la multitude infinie de positions qu'on peut donner à chaque lettre de l'alphabet, considérée soit isolément, soit comme liée à une autre lettre ; sur leurs différentes combinaisons qui peuvent se varier de plusieurs milliers de manières, et enfin sur la grande facilité de changer ces combinaisons à chaque page, à chaque ligne, et même à chaque mot, en sorte qu'une personne qui, à force de travail et de suppositions, croirait avoir lu un mot, une demi-phrase de cette écriture, se trouverait arrêtée tout-à-coup dans ses calculs, replongée dans le vague et dans l'obscurité la plus profonde, et enfin désolée par un changement de clef imperceptible à tous les yeux, et aperçu par celui-là seul que le correspondant aurait initié dans le mystère. Ces lettres indicatives des changemens de l'alphabet, leur usage, leur valeur et leur forme sont entièrement au choix de celui qui les emploie ; il peut imaginer des signes particuliers, ou se servir de certaines lettres de l'alphabet vulgaire qui, par leur position, perdraient leur propriété alphabétique pour en prendre une de convention et de choix.

C'est dans cette infinité de modifications qu'offre l'arrangement des lettres simples, des lettres liées et des signes de réduction des syllabes, que plusieurs milliers de personnes qui, ayant pris en même temps la même leçon, voudraient faire servir l'Okygraphie à une correspondance mystérieuse, trouveraient non seulement l'avantage d'une écriture inextricable, mais même l'impossibilité morale que deux d'entr'elles se rencontrassent dans la manière de se composer un alphabet, ainsi qu'une comparaison aussi simple que frappante va bientôt le démontrer. . . . .

On pourrait encore augmenter l'impénétrabilité de l'écriture par un moyen très-avantageux, ce serait d'intercaller, par intervalles, des caractères nuls qui, ne signifiant rien, ne serviraient qu'à redoubler l'embarras du lecteur indiscret, à lui faire perdre patience et à le désespérer. Ces caractères nuls seraient annoncés par un signe indicateur, une clef dont la propriété ne serait connue que des deux correspondans.

Ces avantages, qu'une telle écriture présente à toutes sortes de personnes et dans toutes les circonstances, sont le résultat, ainsi que nous venons de le voir, de cette application bien simple du mécanisme du manche de violon à l'écriture okygraphique, et les moyens dont se sert l'Okygraphe pour se couvrir d'un voile impénétrable, ne sont ni moins variés, ni moins nombreux que les différentes manières dont on peut combiner les numéros de la loterie. Ainsi, les vingt-quatre lettres de l'alphabet, étant représentées par trois caractères qui tirent leur valeur de leur position, et cette position étant octuple, pour chacun d'eux, il est sensible qu'on peut combiner ces trois caractères, en varier la propriété, la signification, d'autant de manières que vingt-quatre numéros peuvent se lier entre eux de trois en trois, en multipliant la somme de ces combinaisons par huit; or comme vingt-quatre numéros, combinés de trois en trois, donnent 2024 ternes, en multipliant 2024 par 8, on aura 16,112 combinaisons différentes, qu'on peut faire des lettres de l'alphabet, c'est-à-dire, 16,112 alphabets.

Ajoutons à cela les changemens que chacun peut, à son gré, faire éprouver aux caractères qui se lient, en donnant à chacun d'eux une valeur différente de celle qu'on lui connaît, en substituant, par exemple, le signe qui représente le *p* lié, à celui qui représente l'*f*. etc., en variant aussi la signification des traits de réduction des syllabes, qui, beaucoup plus nombreux que les caractères simples, peuvent aussi se modifier de plus de manières, dans une proportion toujours croissante; et l'on sera étonné des ressources que l'Okygraphie présente pour les correspondances secrètes : elles sont telles qu'on peut chaque jour adopter une manière nouvelle, et qu'ainsi, telle personne à qui vous avez donné la clef de votre écriture, peut tout-à-coup n'y plus rien entendre, dès que vous aurez jugé à propos de ne plus l'admettre dans votre confidence.

Un grand nombre d'exemples pourrait éclaircir ce que nous avançons ici; mais ce serait grossir inutilement le volume, puisque ces vérités sont de la nature de celles dont l'énoncé fait la démonstration. Nous nous contenterons donc de présenter huit alphabets simples sur les 16,112, qu'on peut faire avec nos trois caractères primitifs, abandonnant aux amateurs okygraphes le soin et l'amusement de les multiplier, de les varier, d'étendre cette variété de combinaisons aux signes des lettres liées, à ceux des syllabes réduites. Nous osons leur promettre que ce travail, non moins agréable qu'utile, leur sera bien nécessaire dans plus d'une occasion.

Chaque alphabet doit avoir sa clef : laissant à chacun le droit d'en imaginer une pour son usage, nous ne distinguerons les huit que nous allons présenter que par les caractères numériques. Le premier alphabet est celui connu, celui dont on fera usage exclusivement quand on voudra se servir de l'Okygraphie comme écriture rapide. Voyez maintenant pl. 14 et 15, fig. 40.

Ces huit alphabets, qui ne sont que la deux mille quatorzième partie de toutes les combinaisons possibles des trois caractères simples |, ϲ, ɔ, et peut-être la dix-millionième de toutes celles qu'on pourrait obtenir des caractères simples, combinés entr'eux avec les lettres liées et avec les signes de réduction des syllabes, suffisent pour indiquer la manière dont s'opère le changement de la valeur connue de tous les caractères. Si cette mine d'écritures secrètes n'était pas encore assez riche, on pourrait en augmenter la fécondité, en augmentant ou en diminuant le nombre des lignes sur lesquelles roule tout le mécanisme de l'Okygraphie, ou en substituant aux caractères donnés d'autres caractères que l'on créerait et que l'on changerait à volonté.

ABRÉGÉ OKYGRAPHIQUE.

Je dois la première idée de cet Abrégé à l'un de mes Elèves okygraphes, dont j'ai oublié le nom, mais qui me doit lui-même, à son tour, les principes fondamentaux sur lesquels il avait fondé sa doctrine. Si cette troisième Edition lui tombe dans les mains, il verra que j'ai rendu à César ce qui appartient à César.

Cet Abrégé n'abrège pourtant pas l'écriture okygraphique, qui reste toujours la plus rapide des écritures; mais il dispense du papier rayé; et si la nouvelle Méthode, dont nous allons faire connaître les règles et les caractères n'est pas assez prompte pour suivre la vélocité de la parole, elle pourra du moins diminuer des deux tiers le travail de l'écriture vulgaire; réduire des quatre cinquièmes l'espace qu'embrasse cette écriture, et servir, en beaucoup d'occasions, pour une correspondance secrète.

Les principales règles de la Méthode abrégée sont celles de l'Okygraphie elle-même. Celui qui aura bien saisi les principes que nous avons développés précédemment n'aura besoin que de lire une fois les nouvelles règles, et de s'exercer une demi-journée à copier la planche 16, pour être en état d'employer la nouvelle Méthode.

Rappelons succintement ces principes :

1°, Les lettres similaires doivent être représentées par des caractères de même forme, qui ne diffèrent entr'eux que par le plus ou moins d'extension.

2°, On doit écrire comme on parle ; supprimer conséquemment les caractères qui représenteraient des lettres qu'on ne prononce point, mais que, dans l'écriture vulgaire, on emploie seulement pour l'orthographe.

3°. Lier tous les caractères qui entrent dans la composition d'un mot, attendu que cette liaison est toujours profitable dans la Méthode abrégée.

4°. Chaque caractère n'a jamais qu'un seul et même son. (Se reporter, pour l'ordre, la valeur des caractères et la suppression des lettres inutiles, aux pages 4, 5 et suivantes.)

Une fois bien pénétré de ces règles, le lecteur n'a plus qu'à étudier avec un peu d'attention la planche 16, copier plusieurs fois les caractères qui y sont tracés, et s'exercer à lier les caractères du nouvel alphabet.

Cette planche est composée de cinq figures.

La première représente les lettres de l'alphabet vulgaire, avec les caractères correspondans de l'Okygraphie abrégée.

La seconde, une pensée en vers, écrite suivant les règles de l'orthographe française.

La troisième, les même vers, écrits en caractères usuels, mais seulement d'après la prononciation.

La quatrième, les caractères de l'Okygraphie abrégée, correspondans aux caractères usuels, mais isolés et détachés.

La cinquième, enfin, les mêmes caractères liés les uns aux autres, mot par mot, tels qu'ils doivent être tracés dans l'usage ordinaire.

Règle particulière.

Les caractères horizontaux doivent être tracés de gauche à droite

Ceux qui sont obliques ou perpendiculaires doivent l'être de haut en bas, à l'exception de celui qui représente la lettre *r*, qui doit l'être de bas en haut.

Les boucles qui commencent certaines lettres, telle que *a*, doivent être formées dans la direction la plus conforme au mouvement naturel de la main, et aux liaisons des caractères qui les précèdent; elles peuvent être faites indifféremment de haut en bas, ou de bas en haut; de gauche à droite, ou de droite à gauche.

CONCLUSION.

Nous avons parcouru rapidement les avantages inappréciables qu'offre l'Okygraphie : nous avons vu combien elle était supérieure à toutes les méthodes inventées ou renouvelées jusqu'à présent, pour obtenir une écriture rapide et abrégée. On ne craint pas de le dire : il n'existe rien dans les moyens connus de correspondance secrète, soit chiffres, soit caractères, et il n'est pas même possible de rien supposer qui soit aussi simple, aussi facile dans l'exécution, aussi vaste et aussi sûr dans ses résultats que l'Okygraphie. On a pu se convaincre de toutes ces qualités en méditant avec quelque attention sur la théorie dont nous avons présenté le développement. Les principes en sont peu nombreux et par conséquent plus faciles à se graver dans la mémoire : c'est en ramenant tous les sons à leur simplicité primitive, qu'on est parvenu à les ranger dans un ordre que l'analogie indiquait, et qui, par cela même, facilite singulièrement le travail de l'esprit. Les personnes instruites verront peut-être, dans cette théorie, une idée heureuse qui, développée par des talens supérieurs, pourrait être appliquée à l'écriture ordinaire, et ferait cesser enfin, pour les enfans, la différence qu'ils remarquent, sans pouvoir la comprendre, entre le mot qu'ils lisent et celui qu'ils prononcent. Tout se correspond, tout s'enchaîne dans le système okygraphique. Il présente l'abréviation portée à son dernier terme, et cependant il peut rendre les nuances les plus fines du discours, celles mêmes qui échappent à l'écriture ordinaire aidée de tous ses moyens. Il n'a que peu de caractères dont il change sans cesse la position respective, et cependant il n'y a pas d'erreurs à craindre; celles même que l'écrivain pourrait commettre ne feraient point naître de double sens et seraient aisément rectifiées par le lecteur. Avec quelque constance et de l'exercice, l'Okygraphe acquerra bientôt l'aisance et la vélocité du scribe le plus expéditif dans l'écriture vulgaire; mais alors quel avantage n'aura-t-il pas sur ce dernier, qui ne sera plus que la tortue pesante auprès de l'oiseau le plus léger et le plus rapide? Dans un siècle où le cercle brillant des connaissances s'agrandit et s'étend, l'homme studieux qui veut les parcourir, n'a plus de temps à perdre; il gémit sur celui qu'il est obligé de consacrer à tracer péniblement sur le papier le résultat de ses recherches et de ses méditations, et l'art qui vient le débarrasser de ces entraves, en lui offrant les mêmes services, cet art n'est-il pas le bienfaiteur des sciences, puisqu'il favorise leurs progrès ? En vain a-t-on répété que tout moyen d'écrire rapidement sera funeste aux auteurs, dont on pourra copier les ouvrages dramatiques avant qu'ils les aient livrés à l'impression; il faudrait donc dire aussi que l'imprimerie est une invention fatale, parce qu'elle sert à multiplier les contrefaçons, genre de brigandage aujourd'hui porté à son comble. Il n'est rien de bien dont la malignité et le desir de nuire ne puissent abuser: réprimons, punissons les entreprises de la malveillance; mais conservons, protégeons une découverte utile, dont le bienfait, en se répandant, sera toujours mieux senti. L'Okygraphie ne se borne point à la langue française, elle est applicable à toutes les langues vivantes, et surtout à la langue anglaise; elle intéresse toutes les classes de la société : commodité, utilité, expédition, sûreté, facilité, agrément, voilà ce qu'elle promet, voilà ce qu'elle peut tenir; il faut convenir que jamais invention nouvelle ne s'offrit sous des auspices plus heureux.

FIN.

TABLE.

FIN DE LA TABLE.

www.ingramcontent.com/pod-product-compliance
Ingram Content Group UK Ltd.
Pitfield, Milton Keynes, MK11 3LW, UK
UKHW012050240726
13965UKWH00003B/1178

9 782013 094825